교과서 관용어로 **표현력 향상!** 손 글씨는 예쁘게!

바빠 초등
관용어+따라 쓰기

이지스에듀

지은이 | 분당 영재사랑 교육연구소 호사라

영재사랑 교육연구소는 분당 지역에서 유년기(6~13세) 어린이들의 잠재력 성장을 돕기 위해 지능 및 창의성 검사를 통한 학부모 상담과 논술, 수학, 과학실험, 탐구 수업 등을 진행해 왔습니다. 서울대 출신 교육학 박사들의 독창적인 프로그램과 학생에 맞는 개별 맞춤식 지도로 16년 동안 꾸준한 사랑을 받고 있습니다.

분당 영재사랑연구소 블로그 blog.naver.com/ilovethegifted

호사라 선생님은 서울대학교 교육학과에서 학사와 석사 학위를, 버지니아 대학교(University of Virginia)에서 영재 교육학 박사 학위를 취득하고 분당에서 영재사랑 교육연구소를 설립하여 제자들을 양성하고 있습니다. 어린 학생들의 영재성을 키워 주는 다양한 프로그램 개발과 수업을 통해 제자들의 사고력, 표현력 그리고 바른 학습 태도를 길러 주고자 노력하고 있습니다.

저서로는 《7살 첫 국어》①, ②와 초등을 위한 《바쁜 초등학생을 위한 빠른 맞춤법》①, ②, 《바쁜 초등학생을 위한 빠른 독해》시리즈, 《바빠 초등 속담+따라 쓰기》, 《바빠 초등 사자성어+따라 쓰기》가 있습니다.

바빠 ⬤초등 관용어+따라 쓰기

초판 1쇄 발행 2024년 7월 16일
초판 2쇄 발행 2025년 1월 14일
지은이 분당 영재사랑 교육연구소 호사라
발행인 이지연
펴낸곳 이지스퍼블리싱(주)
출판사 등록번호 제313-2010-123호
주소 서울시 마포구 잔다리로 109 이지스 빌딩 5층(우편번호 04003)
대표전화 02-325-1722 　　　　　　**팩스** 02-326-1723
이지스퍼블리싱 홈페이지 www.easyspub.com 　　**이지스에듀 카페** www.easysedu.co.kr
바빠 아지트 블로그 blog.naver.com/easyspub 　　**인스타그램** @easys_edu
페이스북 www.facebook.com/easyspub2014 　　**이메일** service@easyspub.co.kr

본부장 조은미 　**기획 및 책임 편집** 정지연, 이지혜, 박지연, 김현주 　**교정 교열** 김아롬
디자인 손한나 　**삽화** 김학수, 이민영 　**전산편집** 책돼지 　**인쇄** 보광문화사
영업 및 문의 이주동, 김요한(support@easyspub.co.kr) 　**마케팅** 라혜주 　**독자 지원** 박애림, 김수경

ISBN 979-11-6303-614-2 64710
ISBN 979-11-6303-451-3(세트)
가격 12,000원

• **이지스에듀**는 이지스퍼블리싱(주)의 교육 브랜드입니다.
(이지스에듀는 학생들을 탈락시키지 않고 모두 목적지까지 데려가는 책을 만듭니다!)

🌸 어린이 여러분에게

안녕하세요! 만나서 반갑습니다. 저는 어린이들이 즐겁고 신나게 공부하는 방법을 연구하고 있는 호 박사라고 해요.

호 박사

어느 날 꿈속에서 네 어린이의 대화를 엿듣게 되었어요.

나는 글씨를 예쁘게 쓰고 싶은데 그게 잘 안 되서 무지무지 속상해.

소심이

나는 쓰기만 하는 책은 싫어. 재미있는 이야기도 읽으면서 따라 쓰는 책은 없을까?

투덜이

나는 쓰기 책을 하다가 포기했어. 띄어쓰기나 맞춤법을 틀릴 때마다 혼나는 게 싫거든.

엉뚱이

생활 속에서 직접 써먹을 수 있는 더 멋진 표현을 배우는 쓰기 책은 없을까?

당당이

어린이들의 목소리와 표정이 너무나 생생해서 저는 이게 꿈인가, 생시인가 어리둥절했답니다. 혹시 여러분도 제 꿈에 들어왔었나요?

어쨌든 그날부터 저는 머리에 띠를 두르고 이 책을 쓰기 시작했어요. 표현력이 풍부해지고, 예쁜 글씨체를 익힐 수 있으며, 띄어쓰기와 맞춤법 공부도 되고, 웃으면서 즐겁게 공부할 수 있는 쓰기 책을 상상하면서요. 이 책이 여러분 마음에 꼭 들었으면 좋겠어요!

분당에 사는 '호박∨사' 아니고 호∨박사가.

 **학부모님께**

교과서 관용어로 표현력 향상! 손 글씨는 예쁘게!
영재 교육학 박사가 제대로 만든 두뇌 자극 관용어 책

**교육계의
걱정거리
'국어'와
'쓰기 실력'**

최근 교육계에서는 학생들의 '기초 학력 저하'가 큰 걱정거리입니다. 특히 우려되는 과목은 '국어'입니다. 초등학생은 말하고 듣고 쓰고 읽는 과정을 선생님들께 지속적으로 점검받으며 공부해야 하는데, 코로나19로 인해 이러한 경험이 많이 부족해졌기 때문입니다.

또한 교육부에서 초등 1~2학년 학생들에게 학습 부담을 줄 수 있으므로 받아쓰기를 신중하게 활용하라는 지침을 내린 이후, '받아쓰기 시험'의 적용 시기가 늦춰지고, 빈도 역시 현저히 줄었습니다. 이에 띄어쓰기와 맞춤법에서 실수가 잦고, 글씨도 삐뚤빼뚤하게 쓰는 학생이 급증하여 부모님과 선생님 모두 걱정스러워 합니다.

**관용어
따라 쓰기는
좋은 해결책!**

다행히 그동안 초등학생을 위한 '쓰기' 책이 많이 나왔습니다. 특히 글씨체도 잡고, 문해력을 기르는 데 도움이 되는 관용어 따라 쓰기 책이 나와 있어 반가웠습니다. 관용어는 둘 이상의 낱말이 어울려 원래의 뜻과 다르게 쓰이는 말입니다. 관용어는 전하고 싶은 말을 쉽게 표현할 수 있고, 재미가 있어 많이 익혀 두면 표현력을 기르는 데 도움이 됩니다. 그런데 시중에 나온 책들을 보니 아쉬운 점들이 많았습니다!

**초등학생의
발달 특성에
딱 맞는 책!**

먼저 초등학생은 발달 단계 중 구체적 조작기에 해당합니다. 즉, 쉽게 상상되는 이미지를 통해 배우는 시기입니다. 그래서 이 책에서는 초등 교과서에 나오는 관용어 중에서도 이미지 연상이 잘 되는 관용어를 선별한 다음, 동물·자연·사람·물건·음식과 관련된 것으로 분류하여 마당을 구성하였습니다. 따라서 이 책을 공부하는 어린이의 머릿속에는 이미지를 통해 관용어가 연상되는 장면이 잘 떠오르고, 더 잘 저장될 것입니다.

⭐ 쉽게 상상되는 이미지로 배워요!

생활 속에서 그대로 써먹을 수 있는 지문들!

또 이 책에서는 이야기나 만화뿐만 아니라 어린이들이 생활에서 자주 사용하는 대화, 일기, 편지 등으로 지문 형식을 다양하게 구성했습니다. 이 책을 공부한 어린이들은 일상 대화를 할 때 그리고 일기나 편지 등의 글을 쓸 때도 책에서 배운 관용어를 적극적으로 활용할 것입니다.

대화할 때나 글을 쓸 때 써먹을 수 있네~

대화문

일기

편지

표준국어대사전 기준에 맞춘 정확한 예문!

시중에 나온 책들을 살펴보니 종종 맥락에 맞지 않은 예문을 제시한 책이 많았습니다. 잘못된 예문은 어린이들에게 해당 관용어에 대한 오개념을 심어 주어, 훗날 중학교, 고등학교 국어 시험을 치를 때 오답을 내게 합니다.

그래서 이 책은 표준국어대사전에 나온 정확한 예문을 바탕으로 가장 알맞은 상황을 구성했습니다. 이 책으로 배운 어린이들은 관용어를 적재적소에 활용하게 될 것입니다.

문장력, 띄어쓰기, 맞춤법까지 해결!

이 책에서는 관용어가 활용된 문장을 '예문'으로 보여주는 데 그치지 않고, 어린이들이 문장을 직접 완성하도록 구성했습니다. 또한 어린이들이 띄어쓰기를 정확히 익힐 수 있도록 V자를 표시해두고, 초등학생이 자주 틀리는 받침이나 모음을 한 번 더 확인하는 코너를 넣어 국어 실력을 탄탄히 쌓을 수 있게 했습니다.

어린이들이 '바빠 따라 쓰기' 책으로 글씨체를 예쁘게 가다듬고 다양한 형식의 글감을 접하며, 문장력, 표현력 그리고 띄어쓰기와 맞춤법까지 익힐 수 있기를 소망합니다.

분당 영재사랑 교육연구소, 호사라 박사

이 책을 효과적으로 공부하는 방법

같이 읽어 볼까?

🔊 **이 책은 반드시 소리 내어 읽는 것으로 시작하세요.**
소리 내어 읽으면 내용을 정독하게 되고, 머릿속에 저장되어 학습 효과가 커져요!

자연
17 **벼락 치듯**

········ 뜻 아주 빠르게

'벼락'은 '번개'와 같은 말이에요. 벼락은 하늘에서 잠깐 번쩍한 뒤 아주 짧은 시간 안에 사라지지요. 이처럼 어떤 일을 빠르게 해치운다고 할 때 사용하는 표현이에요.

※ '벼락 치듯'은 '갑자기 아주 요란한 소리로'라는 뜻으로도 사용돼요.

1. 관용어 뜻 먼저 알기

관용어의 뜻을 먼저 읽어 보세요.
뜻풀이 옆에 있는 그림을 함께 보면
관용어의 뜻이 잘 이해되고,
더 오래 기억될 거예요.

 아래 이야기를 소리 내어 읽어 보세요.

소심이네 집에 아이들이 모두 모였어요. 거실은 인형, 장난감 차, 블록으로 순식간에 어질러졌지요.
그런데 '틱, 틱, 틱!' 현관문 비밀번호를 누르는 소리가 났어요.
친구들은 **벼락 치듯** 장난감을 치웠어요. 그리고 책을 한 권씩 들고 소파에 나란히 앉았지요.
막 현관문을 열고 들어온 소심이 어머니께서 말씀하셨어요.
"역시 너희는 모범생이구나! 기분이다! 얼른 떡볶이 해 줄게."
아이들은 책 뒤로 눈을 찡긋하며 미소 지었답니다.

2. 글감 소리 내어 읽기

관용어가 어떤 상황에서 쓰이는지 알려주는
이야기를 읽어 보세요.
대화, 만화, 일기, 편지, 신문 기사 등
생활 속에서 직접 써먹을 수 있는
지문을 담았어요!

친구들과 대화할 때 그대로 써먹을 수 있겠다!

이 책으로 지도하는 부모님과 선생님, 이렇게 도와주세요!

✦ 글감을 읽을 때 어린이 한 줄, 부모님 한 줄 또는 등장인물을 나누어 읽으면 더 재미있어요!

✦ 아이들이 연필을 바로 잡아야 예쁜 글씨체를 익힐 수 있어요.
천천히 쓰더라도 연필을 바르게 잡고 쓸 수 있도록 지도해 주세요.

관용어 읽고 따라 쓰기 소리 내어 읽으며 예쁘게 쓰세요.

벼	락	V	치	듯			
벼	락		치	듯			

3. 관용어 읽고 따라 쓰기

관용어를 소리 내어 읽으며 예쁜 글씨로
따라 쓰세요. V 표시된 부분을 보며
띄어쓰기도 함께 익힐 수 있어요.

✪ 교과서 표기 기준에 따라 관용어나
   속담에는 마침표를 찍지 않았어요.

 뜻 채우고 따라 쓰기 소리 내어 읽으며 반듯하게 쓰세요.

▼ 관용어 뜻을 두 번 쓰세요

| 아 | 주 | | | | |
| 아 | 주 | | | | |

4. 뜻 채우고 따라 쓰기

관용어는 원래의 뜻과 다른 의미를 지니므로
정확하게 알아야 해요.
뜻을 채우고 예쁜 글씨로 따라 쓰며
바른 글씨체도 손에 익혀 보세요.

 문장력 기르기 관용어를 넣어 이야기를 완성하세요.

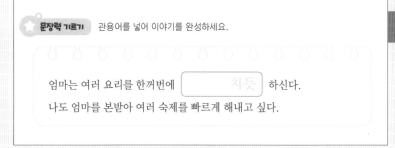

엄마는 여러 요리를 한꺼번에 ⬚ 치듯 ⬚ 하신다.
나도 엄마를 본받아 여러 숙제를 빠르게 해내고 싶다.

5. 문장력 기르기

관용어를 넣어 문장을 완성하세요.
비슷한 상황에서 관용어를 활용하면
표현력이 좋다는 칭찬을 듬뿍 받을 거예요.

 맞춤법 연습하기 파란색 글자를 바르게 고쳐 쓰세요.

벼락 치듣 ➔

6. 맞춤법 연습하기

틀린 받침이나 모음을 바르게 고쳐 쓰세요.
받아쓰기 시험에도 자신감이 생길 거예요!

차례

바빠 촐등 관용어+따라 쓰기

아무것도 없네!!

바빠 초등 사자성어+따라 쓰기

사자성어 차례도 살펴보세요!

동물과 관련된 관용어

관용어는 여러 단어로 이루어져 원래의 뜻과 다른 새로운 뜻으로 굳어져 쓰는 말이에요. 관용어에는 동물이 자주 등장하는데, 사람의 행동이나 성격, 사람들의 관계, 처한 상황 등을 동물에 빗대어 재치 있게 표현한 것이지요. 첫째 마당에서 동물과 관련된 10가지 관용어를 알아보고 따라 쓰며 그 뜻을 익혀 봐요!

공부할 내용

✔ 체크해 보세요!

01 개미 새끼 하나 볼 수 없다		들어 봤어요! ☐	처음 들어요! ☐
02 고양이와 개		들어 봤어요! ☐	처음 들어요! ☐
03 고래 등 같다		들어 봤어요! ☐	처음 들어요! ☐
04 꼬리가 길다		들어 봤어요! ☐	처음 들어요! ☐
05 노루 잠자듯		들어 봤어요! ☐	처음 들어요! ☐
06 물고기 밥이 되다		들어 봤어요! ☐	처음 들어요! ☐
07 물에 빠진 생쥐		들어 봤어요! ☐	처음 들어요! ☐
08 용이 되다		들어 봤어요! ☐	처음 들어요! ☐
09 쥐도 새도 모르게		들어 봤어요! ☐	처음 들어요! ☐
10 코끼리 비스킷		들어 봤어요! ☐	처음 들어요! ☐

01 개미 새끼 하나 볼 수 없다

뜻 아무도 찾아볼 수 없다.

개미는 쉽게 볼 수 있는 흔한 곤충이에요.
그런데 크기가 아주 작은 개미 새끼 하나 볼 수 없을 만큼
주변에 아무도 없다는 뜻이에요.

⭐ **아래 대화를 소리 내어 읽어 보세요.**

 "투덜아, 어제 불빛 축제 잘 다녀왔어?"

 "말도 마, 얼어 죽는 줄 알았어."

 "어제 날씨가 너무 춥기는 했지."

 "영하 20도여서 아빠하고 나 말고는 **개미 새끼 하나 볼 수 없었어.**
한 시간도 못 보고 집으로 도망치듯 돌아왔어!"

| 개 | 미 | V | 새 | 끼 | V | 하 | 나 | V | 볼 | V | 수 | V |
| 없 | 다 | | | | | | | | | | | |

★ **뜻 채우고 따라 쓰기**　소리 내어 읽으며 반듯하게 쓰세요.

▼ 관용어 뜻을 두 번 쓰세요.

| | | | V | 찾 | 아 | 볼 | V | 수 | V | 없 | 다 | . |
| | | | | 찾 | 아 | 볼 | | 수 | | 없 | 다 | . |

★ **문장력 기르기**　관용어를 넣어 이야기를 완성하세요.

경찰이 현장에 도착했을 때는 [개미 　　　　　　　　　] 는
말이 딱 맞을 정도로 도둑들이 모두 사라지고 없었다.

★ **맞춤법 연습하기**　파란색 글자를 바르게 고쳐 쓰세요.

하나 볼 수 업다　　➔

02 고양이와 개

 뜻 서로 미워하며 잘 싸우는 사이

고양이는 대개 조용한 곳을 좋아하고, 개는 활달하지요.
성향이 다르다 보니 두 동물은 잘 싸운답니다.
이처럼 서로 미워해서 잘 싸우는 사이를 표현하는 말이에요.

⭐ 아래 이야기를 소리 내어 읽어 보세요.

투덜이와 투덜이 형은 보기만 하면 싸워요.

"모두 나와 점심 먹어라!"

어머니가 부르셨어요.

투덜이가 식탁에 앉자마자 형에게 버럭 소리 질렀어요.

"형이 내 지우개 가져갔지?"

그러자 투덜이 형은 발끈하며 말했어요.

"무슨 소리야? 너나 내 연필 내놔!"

둘은 소리 지르고 숟가락을 휘두르며 싸웠어요.

"**고양이와 개**라더니, 매일이 전쟁이구나. 내가 못살아, 정말!"

고	양	이	와	V	개					

고	양	이	와		개					

★ **뜻 채우고 따라 쓰기** 소리 내어 읽으며 반듯하게 쓰세요.

서	로					잘	싸	우
는		사	이					

★ **문장력 기르기** 관용어를 넣어 이야기를 완성하세요.

눈만 마주치면 싸우는 나와 내 짝은 [고양이와]의 관계이다.

빨리 다음 주가 되어 짝이 바뀌면 좋겠다.

★ **맞춤법 연습하기** 파란색 글자를 바르게 고쳐 쓰세요.

고양이와 게 ➜

03 고래 등 같다

뜻 기와집이 높고 크다.

고래 등 같다!

'큰 동물' 하면 '고래'를 떠올리게 돼요. 기와집의 지붕은 고래 등처럼 짙고 어두워요. 그래서 주로 지붕이 높고 큰 기와집을 '고래 등 같다'고 표현해요. 요즘에는 크고 좋은 집이나 건물을 설명할 때도 쓰는 말이에요.

 아래 엉뚱이의 편지를 소리 내어 읽어 보세요.

할아버지! 그동안 안녕하셨어요?

아파트에서 한옥으로 이사 가신 뒤로 한 번도 찾아뵙지 못해 죄송해요. 이번 방학 때는 꼭 찾아뵙겠습니다. 아빠가 할아버지 새집이 **고래 등 같다**고 하시던데, 혹시 사진을 찍어 보내주실 수 있나요? 친구들에게 자랑하고 싶어서요. 벌써 기대가 됩니다. 그럼 안녕히 계세요.

○월 ○일, 엉뚱이 올림

고	래	V	등	V	같	다		
고	래		등		같	다		

★ **뜻 채우고 따라 쓰기**   소리 내어 읽으며 반듯하게 쓰세요.

▼ 관용어 뜻을 두 번 쓰세요.

| | | 이 | | 높 | 고 | | 크 | 다 | . | |
| | | 이 | | 높 | 고 | | 크 | 다 | . | |

★ **문장력 기르기**   관용어를 넣어 이야기를 완성하세요.

이번에 큰이모가 새집으로 이사를 하셨다. 방이 다섯 개이고 화장실은

세 개다. 집이 너무 커서 [같다].

★ **맞춤법 연습하기**   파란색 글자를 바르게 고쳐 쓰세요.

| 고레 등 같다   ➔ |

04 꼬리가 길다

뜻 못된 짓을 오랫동안 계속하다.

꼬리가 길면 도망을 가도 꼬리가 보여요.
이처럼 어떤 나쁜 행동을 오랫동안 계속하는 모습을
표현하는 말이에요.

※ '방문을 닫지 않고 드나들다'라는 뜻도 있어요.

 아래 만화를 소리 내어 읽어 보세요.

왠지 오늘은 너희 집에서 자야 할 것 같아.

왜, 무슨 일 있어?

누나가 한 달 전에 대용량 뻥튀기를 봉지로 샀어.

아! 그거? 요즘 누나들한테 인기던데.

후비적

아무래도 내가 하루에 하나씩 몰래 훔쳐 먹은 걸 누나가 눈치챈 것 같아!

덜덜

꼬리가 길면 잡히는 거야. 일단 우리 집으로 피신하는 게 좋겠어.

콩...

꼬	리	가	V	길	다
꼬	리	가		길	다

★ **뜻 채우고 따라 쓰기** 소리 내어 읽으며 반듯하게 쓰세요.

못	된		짓	을					계
속	하	다	.						

★ **문장력 기르기** 관용어를 넣어 이야기를 완성하세요.

요새 형이 엄마 몰래 게임을 매일 한 시간씩 더 한다. 벌써 일주일이나

되었는데 너무 [꼬리가   ]. 엄마가 곧 아실 것 같다.

★ **맞춤법 연습하기** 파란색 글자를 바르게 고쳐 쓰세요.

오랫동안 계속하다 ➡

노루 잠자듯

 뜻 깊이 잠들지 못하고 여러 번 깨다.

예민한 노루는 작은 소리에도 깜짝 놀라 잠에서 깨요.
이렇듯 깊이 잠들지 못하고, 여러 번 깨어나는 모습을
표현하는 말이에요.

※ '깊이 들지 못하고 자꾸 놀라 깨는 잠'이라는 뜻의
'노루잠'이라는 말도 있어요.

 아래 대화를 소리 내어 읽어 보세요.

 "당당아, 너 많이 피곤해 보여."

 "응, 잠을 푹 못 잤어."

 "왜, 무슨 일 있어?"

 "오늘 태권도 승급 심사가 있는 날이야."

 "아, 진짜?"

 "너무 떨려서 어젯밤에 푹 못 자고 **노루 잠자듯** 자고서 일어났거든."

 "그러면 심사 통과한 후 맛있게 치킨을 먹는다고 상상해 봐."

 "오! 그거 좋은 생각이네. 갑자기 힘이 난다. 고맙다, 엉뚱아!"

소리 내어 읽으며 예쁘게 쓰세요.

노	루	V	잠	자	듯			
노	루		잠	자	듯			

소리 내어 읽으며 반듯하게 쓰세요.

| | | | 잠 | 들 | 지 | | 못 | 하 | 고 | | 여 |
| 러 | | 번 | | 깨 | 다 | . | | | | | |

관용어를 넣어 이야기를 완성하세요.

경찰에 쫓기던 도둑은 시골 오두막에 숨어 [노루]

하다가 새벽에 산으로 도망쳤다.

파란색 글자를 바르게 고쳐 쓰세요.

노루 잠자듣   ➔

06 물고기 밥이 되다

......**뜻** 물에 빠져서 죽다.

빵 부스러기가 물에 떨어지면 붕어들이 달려들어
꿀꺽 삼켜요. 이처럼 물에 빠져 살아나오지 못하고
죽게 되었다는 뜻이에요.

 아래 엉뚱이의 일기를 소리 내어 읽어 보세요.

20○○년 ○월 ○일 ○요일	날씨: 맑음

제목: 물고기 밥이 되는 줄

바닷가에 놀러 갔다. 튜브를 타고 수영하고 있을 때 갑자기 상어 지느러미가 보였다.

'열 살밖에 안 됐는데 벌써 **물고기 밥이 되다니!** 불쌍한 내 인생!' 하는 슬픈 생각에 눈물이 났다. '나는 죽었구나!' 하고는 눈을 질끈 감았다.

그런데 웬걸? 형이 상어 지느러미 장식이 달린 구명조끼를 입고 나에게 다가온 것이었다. 화가 난 나는 형에게 발길질했고, 그 바람에 튜브가 뒤집혔다. 그 모습을 본 형은 깔깔대며 웃었다.

⭐ **관용어 읽고 따라 쓰기** 소리 내어 읽으며 예쁘게 쓰세요.

물	고	기	V	밥	이	V	되	다
물	고	기		밥	이		되	다

⭐ **뜻 채우고 따라 쓰기** 소리 내어 읽으며 반듯하게 쓰세요.

▼ 관용어 뜻을 두 번 쓰세요.

	에		빠	져	서		죽	다	.		
	에		빠	져	서		죽	다	.		

⭐ **문장력 기르기** 관용어를 넣어 이야기를 완성하세요.

연못가에서 물고기를 구경하다가 실수로 미끄러져 풍덩 빠졌다.

하마터면 [　　　　 밥이 될] 뻔했다.

⭐ **맞춤법 연습하기** 파란색 글자를 바르게 고쳐 쓰세요.

[물꼬기 밥이 돼다   ]

07 물에 빠진 생쥐

 뜻 물에 완전히 젖어 모습이 초라하다.

물에 빠졌다가 밖으로 나온 생쥐는 털이 몸에 딱 달라붙어
볼품이 없어요. 이처럼 물에 젖어 불쌍한 모습이
되었다는 말이에요.

⭐ **아래 이야기를 소리 내어 읽어 보세요.**

투덜이와 소심이는 엉뚱이가 수영하는 것을 보러 갔어요.

엉뚱이는 앞으로 나아가지 못하고 자꾸만 뒤로 갔어요.

그 모습에 투덜이는 배꼽 잡고 웃다가 그만 수영장에 빠지고 말았어요.

흠뻑 젖은 채 수영장 밖으로 나온 투덜이를 보며 소심이는

소심하게 말했어요.

"너, 꼭 **물에 빠진 생쥐** 같다."

소리 내어 읽으며 예쁘게 쓰세요.

물	에	V	빠	진	V	생	쥐	

물	에		빠	진		생	쥐	

☆ **뜻 채우고 따라 쓰기** 소리 내어 읽으며 반듯하게 쓰세요.

		완	전	히		젖	어		모	습

이		초	라	하	다	.				

☆ **문장력 기르기** 관용어를 넣어 이야기를 완성하세요.

갑자기 소나기가 내려서 나는 흠뻑 젖은 채 집에 돌아왔다. 엄마는

물에 ⬚ 가 다 되었다며 수건을 주셨다.

☆ **맞춤법 연습하기** 파란색 글자를 바르게 고쳐 쓰세요.

물애 빠진 생쥐 ➡

08 용이 되다

 동물

뜻 어렵던 형편이 크게 좋아지다.

용은 상상 속의 동물로, 옛날 사람들은 신성시했어요.
용은 물속에 머물다가 때가 되면 하늘로 솟아오른다고 해요.
가난하고 힘들게 살다가 잘살게 되거나
평범한 존재가 비범해졌다는 뜻으로 쓰여요.

★ 아래 엉뚱이의 편지를 소리 내어 읽어 보세요.

부모님께

사랑하는 아들, 엉뚱이입니다. 어머니, 아버지, 일 년 내내 쉬지도
못하고 장사하느라 힘드시지요?

제가 꼭 큰돈을 벌어 두 분을 편히 모시겠습니다. 친구 분들께서
부모님을 보고 엉뚱이가 **용이 되었다**며 부러워할 수 있게 노력할게요.

그래서 부탁드리는데, 생일 선물로 이번에 새로 나온 컴퓨터를
사 주시면 안 될까요? 프로 게이머로 성공하면 큰돈을 벌 수 있다고
해서요. 꼭 허락해 주세요.

엉뚱이 올림

⭐ **관용어 읽고 따라 쓰기**   소리 내어 읽으며 예쁘게 쓰세요.

용	이	V	되	다		

용	이		되	다		

⭐ **뜻 채우고 따라 쓰기**   소리 내어 읽으며 반듯하게 쓰세요.

어	렵	던		형	편	이		크	게	
			.							

⭐ **문장력 기르기**   관용어를 넣어 이야기를 완성하세요.

가난했던 이모네는 빵집이 유명해지면서 큰돈을 벌어 이번에 넓은

집을 샀다. 외할머니는 이모가 [되었다며] 좋아하셨다.

⭐ **맞춤법 연습하기**   파란색 글자를 바르게 고쳐 쓰세요.

용이 되다 ➡

27

쥐도 새도 모르게

뜻 아무도 모르게

사람이 사는 땅에는 늘 쥐가 있고, 하늘에는 늘 새가 있어요.
쥐도 새도 모르게 무엇인가를 한다는 것은 아무도 모를 만큼 일을
감쪽같이 처리한다는 뜻이에요.

★ 아래 대화를 소리 내어 읽어 보세요.

 "당당아, 그 옷 정말 예쁘다!"

 "그래? 사실은 이거 언니 옷이야."

 "음, 괜찮겠어? 너 전에도 언니 옷 입었다가 엄청나게 혼났다며."

 "걱정하지 마! **쥐도 새도 모르게** 입고, 다시 갖다 놓으면 돼."

 "그런데 당당아, 큰일 났다. 네 뒤에⋯⋯."

쥐도 새도
모르게⋯.

쥐	도	V	새	도	V	모	르	게	

쥐	도		새	도		모	르	게	

⭐ **뜻 채우고 따라 쓰기** 소리 내어 읽으며 반듯하게 쓰세요.

▼ 관용어 뜻을 두 번 쓰세요.

아	무	도				

아	무	도				

⭐ **문장력 기르기** 관용어를 넣어 이야기를 완성하세요.

학교에 다녀와서 먹으려고 냉장고에 숨겨둔 아이스크림이 감쪽같이

사라졌다. 누가 [모르게] 먹어 버렸다.

⭐ **맞춤법 연습하기** 파란색 글자를 바르게 고쳐 쓰세요.

쥐도 새도 모르개 ➔

코끼리 비스킷

뜻 먹으나 마나 한 매우 적은 것

애개…

코끼리는 몸집이 커서 비스킷 한 조각으로는 배를 채울 수 없어요.
이렇게 먹으나 마나 소용없을 만큼 적은 것을
이르는 말이에요.

 아래 투덜이의 일기를 소리 내어 읽어 보세요.

2O○○년 ○월 ○일 ○요일 | 날씨: 맑음

제목: 코끼리 뻥튀기

동물원에 처음으로 가 보았다. 책에서만 보던 동물을 진짜로 보니

정말 신기했다. 우리 가족은 뻥튀기를 먹으면서 동물들을 구경했다.

코끼리 우리로 다가갔을 때, 코끼리가 다가와 코로 내 뻥튀기를 휙

낚아챘다. 한입에 쏙 넣더니, 동생 뻥튀기도 낚아챘다. 얼굴만 한

뻥튀기가 코끼리 입으로 들어갈 때는 비스킷처럼 작게 보였다.

어쩌다 **코끼리 비스킷**이라는 말이 나왔는지 확실히 알 수 있었다.

소리 내어 읽으며 예쁘게 쓰세요.

코	끼	리	V	비	스	킷			
코	끼	리		비	스	킷			

뜻 채우고 따라 쓰기 소리 내어 읽으며 반듯하게 쓰세요.

먹	으	나		마	나		한		매	우
			것							

문장력 기르기 관용어를 넣어 이야기를 완성하세요.

우리 옆집에는 몸무게가 백 킬로그램이 넘는 형이 있다.

그 형에게 과자 한 봉지는 | 코끼리 | 이다.

맞춤법 연습하기 파란색 글자를 바르게 고쳐 쓰세요.

코끼리 비스킫

첫째 마당 복습

1 그림과 관련된 관용어를 쓴 것입니다. [　] 안에 알맞은 낱말을 쓰세요.

보기

고래 생쥐 코끼리 개구리 개미 고양이 토끼

물에 빠진 [　　　　]

[　　　　] 비스킷

[　　　　] 등 같다

[　　　　] 새끼 하나 볼 수 없다

[　　　　] 와 개

2 뜻풀이와 알맞은 관용어를 연결하세요.

어렵던 형편이
크게 좋아지다.

아무도 모르게

못된 짓을
오랫동안 계속하다.

물에 빠져서 죽다.

깊이 잠들지 못하고
여러 번 깨다.

꼬리가 길다

노루 잠자듯

물고기 밥이 되다

용이 되다

쥐도 새도 모르게

3 ☐ 안에 들어갈 낱말로 바른 것에 ○표 하세요.

⭐ [개미   게미] 새끼 하나 볼 수 없다

⭐ [고향이   고양이] 와 개

⭐ 고래 등 [갔다   같다]

⭐ 쥐도 [새도   세도] 모르게

33

관용어와 비슷한 뜻의 사자성어

⭐ 여러분이 배운 동물에 관한 관용어와 뜻이 비슷한 사자성어를 알아보아요.

고양이와 개	견원지간	犬 개 견	猿 원숭이 원	之 갈 지	間 사이 간

'견원지간'은 개와 원숭이의 사이라는 뜻으로,
사이가 매우 나쁜 관계를 이르는 말이에요.

꼬리가 길다	비장필천	轡 고삐 비	長 길 장	必 반드시 필	踐 밟을 천

'비장필천'은 고삐가 길면 반드시 밟힌다는 뜻으로
옳지 못한 일을 계속하면 끝내 들키고 만다는 말이에요.

노루 잠자듯	반수반성	半 반 반	睡 자다 수	半 반 반	醒 깨다 성

'반수반성'은 깊이 잠들지 못하고 자는 둥 마는 둥
얕은 잠을 잔다는 말이에요.

용이 되다	어변성룡	魚 물고기 어	變 변할 변	成 되다 성	龍 용 룡

'어변성룡'은 물고기가 변하여서 용이 된다는 뜻으로,
가난하던 사람이 부자가 되거나
보잘것없던 사람이 큰 인물이 되었다는 말이에요.

코끼리 비스킷	조족지혈	鳥 새 조	足 발 족	之 갈 지	血 피 혈

'조족지혈'은 새 발의 피라는 뜻으로,
매우 적은 분량이라는 말이에요.

자연과 관련된 관용어

관용어 중에는 자연과 관련된 것도 있어요. 사람이 알아야 할 생활 속 지혜나 처한 상황을 식물이나 땅, 물, 하늘, 바람 등과 같은 자연에 빗댄 표현이지요. 둘째 마당에서는 자연과 관련된 10가지 관용어의 뜻을 알아보고 따라 쓰며 익혀 봐요!

11 가시 돋다

뜻 남을 비난하려는 마음이 있다.

가시에 찔리면 아파요. 이처럼 상대방을 공격하려는
의도가 있거나 불평불만을 해서 남의 마음에 상처를 주려고
한다는 뜻이에요.

 아래 이야기를 소리 내어 읽어 보세요.

세 남매는 생신상을 차린 뒤, 엄마를 기다리며 식탁에 둘러앉았어요.

갑자기 작년 일이 생각난 당당이가 오빠를 째려보며 말했어요.

"오빠만 조심하면 즐거운 생일이 될 거야."

당당이의 **가시 돋은** 말에 오빠는 발끈했어요.

"야! 무슨 말을 그렇게 해? 기분 나쁘게."

그러자 언니가 거들었어요.

"엄마가 촛불 끄시는데, 오빠가 방귀 꼈잖아. 밥맛 떨어지게."

그제야 오빠는 머리를 긁적이며 말했어요.

"아, 그랬지? 이번에는 꼭 엉덩이에 힘주고 있을게."

오빠만
조심하면 돼.

가	시	V	돋	다					
가	시		돋	다					

★ 뜻 채우고 따라 쓰기   소리 내어 읽으며 반듯하게 쓰세요.

남	을			하	려	는	마	음	이	V
있	다	.								

★ 문장력 기르기   관용어를 넣어 이야기를 완성하세요.

엄마와 아빠는 평소 사이가 좋으시지만, 가끔 서로 [돋은]

말을 하며 싸우신다. 그러면 우리의 기분도 안 좋다.

★ 맞춤법 연습하기   파란색 글자를 바르게 고쳐 쓰세요.

가시 돗다   ➔

12 땅을 칠 노릇

뜻 몹시 억울하고 분하다.

너무 화가 나고 억울하면 주먹으로 어딘가를 치거나
발로 땅을 구르는 행동을 하죠? 즉, 땅을 칠 만큼 몹시 화가 나고
분한 마음이 든다는 뜻이에요.

★ 아래 이야기를 소리 내어 읽어 보세요.

소심이에게는 고집 센 남동생 소담이가 있어요. 어느 날 소심이는
소담이에게 한글을 가르치고 있었어요.

"잘 봐. 이건 기역, 이건 니은, 이건 디귿이야."

"아하! 기억, 니은, 디귿. 나 천재지?"

"소담아, '기억'이 아니라 '기역'이야."

"아니야! 유치원 선생님이 분명 '기-억'이라고 하셨거든?"

"소담아, 네가 잘못 들은 걸 거야."

"아니라고! 정말 **땅을 칠 노릇**이네. 나 누나랑 공부 안 해!"

소담이는 삐진 표정으로 고개를 휙 돌렸어요.

소리 내어 읽으며 예쁘게 쓰세요.

땅	을	V	칠	V	노	릇		
땅	을		칠		노	릇		

소리 내어 읽으며 반듯하게 쓰세요.

▼ 관용어 뜻을 두 번 쓰세요.

몹	시		억	울	하	고				.
몹	시		억	울	하	고				.

관용어를 넣어 이야기를 완성하세요.

분명 나는 누나에게 빌린 천 원을 갚았다. 그런데 누나는 안 받았다고

계속 우기고 있다. 정말 [노릇] 이다.

파란색 글자를 바르게 고쳐 쓰세요.

땅을 칠 노릇   ➔

39

13 뜬구름 잡다

뜻 불가능한 목표를 따라다닌다.

구름은 하늘에 높이 떠 있어요. 또 작은 물방울로 이루어져
손으로 잡을 수 없으니 뜬구름을 잡는 것은 불가능한 일이지요.
이처럼 불가능한 목표를 좇는다는 말이에요.

⭐ 아래 엉뚱이의 일기를 소리 내어 읽어 보세요.

20〇〇년 〇월 〇일 토요일	날씨: 비가 주룩주룩 내림

제목: 뜬구름 잡는 막내 이모

오늘 갑자기 막내 이모가 서울에 올라왔다.

이모는 아이돌이 될 준비를 할거라며, 우리 집에서 잠깐 살겠다고

했다. 문제는 이모가 노래를 못하고 심지어 몸치라는 것이다.

엄마는 뜬구름 잡는 소리 말고 다시 내려가서 취직이나 하라며 혼낸

후 이모를 외할머니 집으로 돌려보냈다. 지금 엄마와 외할머니는 전화

통화를 하면서 한숨을 푹푹 내쉬고 계신다.

소리 내어 읽으며 예쁘게 쓰세요.

뜬	구	름	V	잡	다		
뜬	구	름		잡	다		

소리 내어 읽으며 반듯하게 쓰세요.

| | | | | 목 | 표 | 를 | | 따 | 라 | 다 |
| 닌 | 다 | . | | | | | | | | |

관용어를 넣어 이야기를 완성하세요.

'장사의 신'이 되겠다며 여기저기 떠도는 삼촌에게 할머니는

[잡다] 가 인생만 낭비하지 말고 할머니 가게에서

열심히 일하라고 하셨다.

파란색 글자를 바르게 고쳐 쓰세요.

뜬구름 잢다　　🡢

41

14 물 쓰듯

 뜻 물건이나 돈을 아끼지 않고 함부로 쓴다.

사람들이 돈은 아껴 쓰지만, 대부분 물은 잘 아껴 쓰지 않아요.
이렇게 물 쓰듯 물건이나 돈을 함부로 쓴다는
뜻이에요.

 아래 엉뚱이의 편지를 소리 내어 읽어 보세요.

투덜이에게

투덜아, 너에게 고백할 게 있어.

어제 너희 집 화장실 휴지 다 쓴 사람, 바로 나야.

내가 휴지를 **물 쓰듯** 했어.

바로 다음에 화장실로 들어간 너를 곤란하게 해서 미안해.

그래서 결심했어. 이제 큰일 볼 때 휴지를 다섯 칸만 쓰기로.

그러니 이번 한 번만 나를 용서해 줘.

그럼, 안녕!

너의 영원한 친구, 엉뚱이가

물	V	쓰	듯					

물		쓰	듯					

★ **뜻 채우고 따라 쓰기** 소리 내어 읽으며 반듯하게 쓰세요.

물	건	이	나		돈	을		아	끼	지
않	고							쓴	다	.

★ **문장력 기르기** 관용어를 넣어 이야기를 완성하세요.

형은 소품 가게 '다이따'에서 세뱃돈을 [쓰듯] 하더니,

결국 다 써 버렸다. 엄마는 내년 설날까지 용돈은 없다며 형을 혼내셨다.

★ **맞춤법 연습하기** 파란색 글자를 바르게 고쳐 쓰세요.

물 쓰듣 ➡

15 바다 같다

뜻 위해 주는 마음이 매우 넓고 깊다.

바다는 끝없이 넓고 깊어요.
이처럼 누군가를 위하고 사랑하는 마음이
매우 넓고 깊다는 말이에요.

⭐ 아래 대화를 소리 내어 읽어 보세요.

😎 "당당아! **바다 같은** 너의 은혜 꼭 갚을게."

😮 "응? 뜬금없이 무슨 소리냐?"

😠 "네가 스위스 여행에서 사 온 초콜릿을 줬잖아."

😊 "그랬지."

😤 "내가 형의 피규어를 떨어트려서 형이 막 화내려던 참에……."

😮 "저런!"

😄 "그 초콜릿을 주니까 엄청 좋아하면서 한 번만 봐 준다고 하더라?"

😊 "초콜릿 좋아하는 네 생각하면서 엄마한테 사달라고 조른 보람이 있네."

바	다	V	같	다					
바	다		같	다					

위	해		주	는		마	음	이		매	우	V
				.								

할머니는 어릴 적 나를 키워 주셨고, 지금도 맛있는 반찬을 해서

보내주신다. 할머니 사랑은 정말 [같다].

넓고 깁다	➡	

자연

16 바람을 넣다

뜻 무슨 행동을 하려는 마음이 생기게 하다.

풍선에 바람을 넣으면 부풀어 올라 하늘로 둥실 떠올라요.
이처럼 남을 부추겨서 무슨 행동을 하려는 마음을
불러일으킨다는 뜻이에요.

⭐ 아래 투덜이의 편지를 소리 내어 읽어 보세요.

형과 누나에게

형, 누나. 부탁이 있어.

내 친구들은 모두 반려동물이 있어. 소심이는 달팽이, 엉뚱이는

거북, 당당이는 강아지를 키워. 그런데 나만 없지 뭐야?

그러니 형하고 누나가 엄마에게 나한테 햄스터가 필요하다고 **바람**

을 넣어 주면 좋겠어. 햄스터를 키우면 책임감이 길러지고, 부지런

해지고, 봉사 정신도 길러진다고 말씀드려 줘. 꼭 부탁해!

귀염둥이 투덜이 올림 아니 씀.

엄마, 햄스터를
키우면 투덜이가
책임감
어쩌고저쩌고.

엄마, 햄스터를 키우면 투덜이가
부지런해지고 어쩌고저쩌고.

바	람	을	V	넣	다				
바	람	을		넣	다				

★ **뜻 채우고 따라 쓰기** 소리 내어 읽으며 반듯하게 쓰세요.

무	슨				을		하	려	는		
	이		생	기	게		하	다	.		

★ **문장력 기르기** 관용어를 넣어 이야기를 완성하세요.

동생은 내가 공부할 때마다 함께 놀자고 [넣는다].

사정을 모르는 엄마는 늘 나만 혼내신다.

★ **맞춤법 연습하기** 파란색 글자를 바르게 고쳐 쓰세요.

풍선에 바람을 너으면

47

자연

17 벼락 치듯

 뜻 아주 빠르게

'벼락'은 '번개'와 같은 말이에요. 벼락은 하늘에서 잠깐 번쩍한 뒤
아주 짧은 시간 안에 사라지지요. 이처럼 어떤 일을 빠르게
해치운다고 할 때 사용하는 표현이에요.

※ '벼락 치듯'은 '갑자기 아주 요란한 소리로'라는 뜻으로도 사용돼요.

⭐ **아래 이야기를 소리 내어 읽어 보세요.**

  소심이네 집에 아이들이 모두 모였어요. 거실은 인형, 장난감 차, 블록으
로 순식간에 어질러졌지요.

  그런데 '틱, 틱, 틱!' 현관문 비밀번호를 누르는 소리가 났어요.

  친구들은 **벼락 치듯** 장난감을 치웠어요. 그리고 책을 한 권씩 들고 소파에
나란히 앉았지요.

  막 현관문을 열고 들어온 소심이 어머니께서 말씀하셨어요.

  "역시 너희는 모범생이구나! 기분이다! 얼른 떡볶이 해 줄게."

  아이들은 책 뒤로 눈을 찡긋하며 미소 지었답니다.

벼	락	V	치	듯			
벼	락		치	듯			

⭐ 뜻 채우고 따라 쓰기   소리 내어 읽으며 반듯하게 쓰세요.

▼ 관용어 뜻을 두 번 쓰세요.

아	주						
아	주						

⭐ 문장력 기르기   관용어를 넣어 이야기를 완성하세요.

엄마는 여러 요리를 한꺼번에 [　　　　치듯] 하신다.

나도 엄마를 본받아 여러 숙제를 빠르게 해내고 싶다.

⭐ 맞춤법 연습하기   파란색 글자를 바르게 고쳐 쓰세요.

벼락 치든

18 불똥이 떨어지다

뜻 꾸지람을 듣거나 벌을 받다.

'불똥'은 불에 타는 물건에서 떨어진 아주 작은 불덩어리를 말해요.
'불똥이 떨어지다'는 불똥이 떨어지듯 갑자기 어떤 일로
무섭게 혼난다는 뜻이에요.

※ '불똥이 떨어지다'는 '일이 몹시 절박하게 닥치다'라는
　뜻으로도 사용해요.

★ 아래 만화를 소리 내어 읽어 보세요.

소심아!
우리 언니
들어오는지
잘 봐!

살금
살금

언니 몰래
한 번만 해 보자.

들켜서
불똥 떨어지면
어떡하려고!

그, 그, 그렇지?

슬쩍

야! 너희
내 방에서 뭐 해?

벌컥!

언니 책 좀 빌려보려고!

불	똥	이	∨	떨	어	지	다	
불	똥	이		떨	어	지	다	

★ **뜻 채우고 따라 쓰기** 소리 내어 읽으며 반듯하게 쓰세요.

			을		듣	거	나		벌	을	
받	다	.									

★ **문장력 기르기** 관용어를 넣어 이야기를 완성하세요.

오늘처럼 엄마의 기분이 나쁜 날에는 [떨어지기] 전에
숙제를 미리 해두는 게 좋다.

★ **맞춤법 연습하기** 파란색 글자를 바르게 고쳐 쓰세요.

불똥이 떠러지다 ➜

비가 오나 눈이 오나

 뜻 어떤 어려움이 있어도 언제나 한결같다.

날씨가 맑은 날도 있지만, 궂은 날도 있어요.
비나 눈이 오면 맑은 날보다 뭐든지 하기 힘들지만,
그래도 늘 하던 일은 변함없이 한다는 뜻이에요.

 아래 소심이의 일기를 소리 내어 읽어 보세요.

| 20○○년 ○월 ○일 일요일 | 날씨: 흐림 |

제목: 정말 특별한 아빠 생신

오늘은 아빠 생신이다. 우리 가족은 편지를 써서 읽어 드렸다.

마지막에는 엄마가 편지를 읽었다.

"여보, **비가 오나 눈이 오나** 돈 버느라 힘드셨죠? 당신 생일을 맞아

특별한 선물을 준비했어요. 바로 제 취직이에요. 그동안 혼자 고생 많

았어요. 이제 함께 벌어요. 생일 축하해요!"

엄마가 편지를 다 읽자, 아빠가 말했다.

"당신, 정말 최고야!"

여보, 비가 오나
눈이 오나….

소리 내어 읽으며 예쁘게 쓰세요.

비	가	V	오	나	V	눈	이	V	오	나
비	가		오	나		눈	이		오	나

소리 내어 읽으며 반듯하게 쓰세요.

어	떤					이		있	어	도
언	제	나		한	결	같	다	.		

관용어를 넣어 이야기를 완성하세요.

부모님은 [비가] 내 걱정뿐이다.

나는 어른이 되면 꼭 효도로 이 은혜를 갚겠다.

파란색 글자를 바르게 고쳐 쓰세요.

비가 오나 누니 오나 ➜

20 하늘과 땅

뜻 둘 사이에 큰 차이가 있다.

하늘은 그 높이를 잴 수 없을 만큼 높고
땅은 하늘에서 내려다 본다면 굉장히 낮아요.
그만큼 둘 사이에 큰 차이가 있음을 나타내는 표현이에요.

⭐ 아래 대화를 소리 내어 읽어 보세요.

 "이번 설날에 어땠어?"

 "뭐가?"

 "뭐긴 뭐야. 세뱃돈이지."

 "어디 보자. 고모, 이모, 큰아버지, 할머니, 할아버지……, 20만 원은 되는 것 같은데?"

 "나하고 **하늘과 땅** 차이네. 나는 2만 원인데. 부럽다."

 "부러울 것 없어. 엄마한테 모두 뺏겨서 지금은 0원이야."

20만원 vs. 2만원. 하늘과 땅 차이!

그러면 뭐 해. 지금은 0원.

하	늘	과		V		땅				
하	늘	과				땅				

⭐ **뜻 채우고 따라 쓰기** 소리 내어 읽으며 반듯하게 쓰세요.

둘		사	이	에		큰				가
있	다	.								

⭐ **문장력 기르기** 관용어를 넣어 이야기를 완성하세요.

형은 줄넘기를 쉬지 않고 100번 했다. 그러나 나는 10번 밖에 못했다.

형과 나의 줄넘기 실력 차이는 [하늘과] 만큼이다.

⭐ **맞춤법 연습하기** 파란색 글자를 바르게 고쳐 쓰세요.

한을과 땅 ➡

55

둘째 마당 복습

1 그림과 관련된 관용어를 쓴 것입니다. ☐ 안에 알맞은 낱말을 쓰세요.

보기

불똥 가시 하늘 바람 우박 벼락 바다

☐ 돋다

☐ 같다

☐ 을 넣다

☐ 치듯

☐ 이 떨어지다

2 뜻풀이와 알맞은 관용어를 연결하세요.

불가능한 목표를 따라다닌다.	땅을 칠 노릇
둘 사이에 큰 차이가 있다.	뜬구름 잡다
몹시 억울하고 분하다.	물 쓰듯
물건이나 돈을 아끼지 않고 함부로 쓴다.	비가 오나 눈이 오나
어떤 어려움이 있어도 언제나 한결같다.	하늘과 땅

3 ☐ 안에 들어갈 낱말로 바른 것에 ○표 하세요.

⭐ 뜬구름을 [잡다] [잡따]

⭐ [가시] [까시] 돋다

⭐ 바다 [갔다] [같다]

⭐ 바람을 [넣다] [넜다]

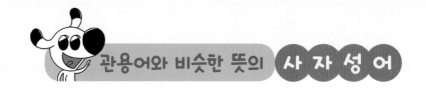

관용어와 비슷한 뜻의 **사자성어**

⭐ 여러분이 배운 자연에 관한 관용어와 뜻이 비슷한 사자성어를 알아보아요.

땅을 칠 노릇	비분강개	悲 슬플 비	憤 분할 분	慷 강개할 강	慨 분개할 개

'비분강개'는 슬프고 분해서
마음이 북받쳐 오른다는 말이에요.

뜬구름 잡다	허무맹랑	虛 빌 허	無 없을 무	孟 맏 맹	浪 물결 랑

'허무맹랑'은 내용이 없이 비어 있다는 뜻으로
황당하고 말도 안 되는 생각을 한다는 말이에요.

물 쓰듯	용전여수	用 쓸 용	錢 돈 전	如 같을 여	水 물 수

'용전여수'는 돈을 물 쓰듯 한다는 뜻으로
돈 낭비가 심하다는 말이에요.

비가 오나 눈이 오나	시종일관	始 비로소 시	終 마칠 종	一 한 일	貫 펠 관

'시종일관'은 시작과 끝이 하나로 통한다는 뜻으로
어떤 일을 한결같이 하거나
마음이 처음부터 마지막까지 변하지 않는다는 말이에요.

하늘과 땅	천양지차	天 하늘 천	壤 흙 양	之 갈 지	差 어그러질 차

'천양지차'는 하늘과 땅 같은 차이라는 뜻으로
엄청나게 차이가 난다는 말이에요.

사람과 관련된 관용어

관용어는 사람과 관련된 것도 많아요. 어떤 사람의 기분이나 처한 상황, 행동이 의미하는 것을 가슴, 귀, 눈, 손과 같은 우리 몸의 일부를 넣은 말로 빗대어 표현하는 것이지요. 셋째 마당에서 사람과 관련된 10가지 관용어의 뜻을 알아보고 따라 쓰며 익혀 봐요!

21 가슴을 펴다

 뜻 굽힐 것 없이 떳떳하고 당당하다.

숨길 것이 없다면 가슴을 활짝 편 자세를 할 거예요.
이처럼 스스로 떳떳하거나,
어떤 일로 인해 자랑할 만하다는 뜻이에요.

아래 대화를 소리 내어 읽어 보세요.

 "소심아, '우리말 달인 퀴즈 대회'에 나간 거 어떻게 되었어?"

 "결선에서 3등밖에 못해서 부끄러워. 친구들에게 알리지 마."

 "다들 결선까지 간 것만 해도 대단하게 생각하던데? 고개 숙이고 걷지 말고 **가슴을 펴고** 다닐 자격이 있어."

 "네가 그렇게 말해주니 고맙다."

우리말 달인 퀴즈 대회

120

150

200

100

⭐ **관용어 읽고 따라 쓰기** 소리 내어 읽으며 예쁘게 쓰세요.

가	슴	을	V	펴	다				
가	슴	을		펴	다				

⭐ **뜻 채우고 따라 쓰기** 소리 내어 읽으며 반듯하게 쓰세요.

			것		없	이		떳	떳	하	고	V
				.								

⭐ **문장력 기르기** 관용어를 넣어 이야기를 완성하세요.

누나는 키가 너무 작다고 놀림을 받는다. 나는 누나 친구들 앞에서

[펴고] 우리 누나를 괴롭히지 말라고 큰소리로 말했다.

⭐ **맞춤법 연습하기** 파란색 글자를 바르게 고쳐 쓰세요.

가슴을 피다	➡	

61

22 귀가 따갑다

뜻 소리가 날카롭고 커서 듣기가 괴롭다.

귀가 따끔거릴 만큼 소리가 날카롭고 듣기 힘들다는 뜻이에요.
어떤 말을 너무 여러 번 들어서
듣기 싫다는 뜻도 있어요.

⭐ 아래 이야기를 소리 내어 읽어 보세요.

엉뚱이가 일기를 쓰고 있는데, 어머니께서 방문을 살짝 여셨어요.
엉뚱이는 화들짝 놀라며 일기장을 재빨리 덮었어요.
"엄마, 제 방에 들어올 때는 노크 좀 해 주세요."
"미안하구나, 그런데 숙제는 다했니?"
"일기 쓰고 나서 할 거예요. 엄마 잔소리에 **귀가 따갑다**고요."
머슥해진 엄마는 방문을 닫으며 혼잣말하셨어요.
"네 짜증에 내 **귀가 더 따갑다!**"

엄마 잔소리에
귀가 따갑다고요!

내 귀가 더 따갑다!

★ 관용어 읽고 따라 쓰기 소리 내어 읽으며 예쁘게 쓰세요.

귀	가	V	따	갑	다			
귀	가		따	갑	다			

★ 뜻 채우고 따라 쓰기 소리 내어 읽으며 반듯하게 쓰세요.

소	리	가					커	서
듣	기	가		괴	롭	다	.	

★ 문장력 기르기 관용어를 넣어 이야기를 완성하세요.

언니는 요즘 사춘기다. 방문을 살짝만 열어도 "들어 오지 말라고!" 하며

외치는 소리에 정말 | 귀가 | .

★ 맞춤법 연습하기 파란색 글자를 바르게 고쳐 쓰세요.

듣기가 괴롢다 ➡

23 눈만 뜨면

뜻 깨어 있을 때면 항상

깨어 있을 때 우리의 눈은 항상 떠 있어요.
이처럼 깨어 있는 동안, 즉 종일 어떤 행동에 집착하듯이
계속한다는 뜻이에요.

⭐ 아래 만화를 소리 내어 읽어 보세요.

동생이란 존재는 늘 걱정거리를 만드는 것 같아.

무슨 일인데? 내가 해결해 줄게.

곧 학교에 들어가는데, 아직도 눈만 뜨면 애착 담요를 찾아서 몸에 두르고 다니거든.

담요를 티셔츠로 만들어서 입고 다니면 되겠네.

너 진짜 천재다!

띠딩!

이제 알았어?

소리 내어 읽으며 예쁘게 쓰세요.

눈	만	V	뜨	면		

눈	만		뜨	면		

소리 내어 읽으며 반듯하게 쓰세요.

▼ 관용어 뜻을 두 번 쓰세요.

깨 어	있 을	때 면	

깨 어	있 을	때 면	

관용어를 넣어 이야기를 완성하세요.

우리 형은 요즘 부쩍 키가 커진 거 같다. 그래서인지 │ 눈만 │
냉장고에서 먹을 것을 찾는다.

파란색 글자를 바르게 고쳐 쓰세요.

께어 있을 때면	➜	

24 뒤통수를 때리다

뜻 믿음을 저버리고 배신하다.

친구와 길을 함께 가는데, 갑자기 그 친구가 뒤통수를 때리면
그대로 당하고 말 거예요. 이처럼 믿었던 사람이 의리를 저버리고
배신한다는 말이에요.

 아래 소심이의 일기를 소리 내어 읽어 보세요.

20○○년 ○월 ○일 ○요일	날씨: 비바람

제목: 언니는 스파이?!

지난주 엉뚱이에게 고백 쪽지를 받았다. 사실 나는 투덜이를
좋아하기 때문에 답장하지 않았다.

그런데 언니가 **뒤통수를 때렸다.** 내가 투덜이를 좋아한다는 것을
엉뚱이한테 전해준 것이다. 사실 언니는 엉뚱이의 부탁을 받고
내 마음이 어떤지 알아보고 있었다. 그것도 모르고 나는 뭐든지 말해
보라는 언니의 말에 속아서 내 마음을 털어놓았다. 이제 엉뚱이하고
도, 투덜이하고도 어색하게 되었다. 이건 모두 언니 탓이다.

뒤	통	수	를	V	때	리	다					

뒤	통	수	를		때	리	다					

⭐ **뜻 채우고 따라 쓰기** 소리 내어 읽으며 반듯하게 쓰세요.

믿	음	을		저	버	리	고				하

다	.										

⭐ **문장력 기르기** 관용어를 넣어 이야기를 완성하세요.

30점 받은 수학 시험지를 동생이 보았다. 동생은 과자를 받고 비밀을

지키겠다고 약속했지만,   때리고   엄마한테 말했다.

⭐ **맞춤법 연습하기** 파란색 글자를 바르게 고쳐 쓰세요.

뒷통수를 때리다   ➡

25 배가 아프다

뜻 잘된 남을 보고 질투를 느껴 심술이 나다.

음식을 잘못 먹으면 배가 아프고 설사가 나듯이,
좋은 일이 생긴 남을 보고, 배가 아프듯 기분이 좋지 않고
샘을 낸다는 말이에요.

⭐ 아래 대화를 소리 내어 읽어 보세요.

4:15 💬 ✉

엉뚱이
당당아, 나 **배가 아파.**

당당이
뭐 잘못 먹은 거 아냐?

엉뚱이
그건 아닌데.

당당이
무슨 일 있어?

엉뚱이
이번 설날에 사촌 동생이 개그 천재가 되어서 나타난 거야.

당당이
원래 네가 개그 담당 아니었니?

엉뚱이
얘가 일 년 동안 개그를 연습했대. 이제 모두 걔만 바라봐.

당당이
걱정하지 마. 당장 내일부터 내가 연습시켜 줄게!

소리 내어 읽으며 예쁘게 쓰세요.

배	가	V	아	프	다			
배	가		아	프	다			

⭐ **뜻 채우고 따라 쓰기** 소리 내어 읽으며 반듯하게 쓰세요.

잘	된		남	을		보	고		질	투	를	V
느	껴					이		나	다	.		

⭐ **문장력 기르기** 관용어를 넣어 이야기를 완성하세요.

우리 언니는 엄마, 아빠한테 늘 칭찬받는다. 또 할머니, 할아버지한테도 그렇다. 그 모습을 보면 나는 늘 [배가].

⭐ **맞춤법 연습하기** 파란색 글자를 바르게 고쳐 쓰세요.

잘됀 남을 보고 ➡

26 손바닥을 뒤집듯

사람

뜻 말이나 태도를 아주 쉽게 바꾸다.

손바닥을 뒤집는 일은 아주 쉬워요.
이처럼 처음 한 말이나 태도를 아무렇지도 않게
싹 바꾼다는 말이에요.

 ⭐ **아래 당당이의 독서 감상문을 소리 내어 읽어 보세요.**

읽은 책: 콩쥐 팥쥐   읽은 날: 20○○년 ○월 ○일 ○요일

약속은 무조건 글로!

오늘 《콩쥐 팥쥐》 책을 읽었다. 팥쥐 엄마는 콩쥐에게 장독에 물을
다 채우면 잔치에 데려가겠다고 말했다. 그렇지만 콩쥐가 물을 다
채우자 **손바닥을 뒤집듯** 말을 바꾸며 잔치에 데려가지 않았다.

나는 이 장면에서 무척 화가 났다. 나라면 약속을 글로 쓰고, 팥쥐 엄마
한테 도장을 받아놓았을 것이다. 어쨌든 나중에 콩쥐는 복을 받고, 팥쥐
엄마는 벌을 받아서 다행이긴 하다.

어머니, 물을 다
채웠는데요.

손	바	닥	을	∨	뒤	집	듯				
손	바	닥	을		뒤	집	듯				

★ **뜻 채우고 따라 쓰기** 소리 내어 읽으며 반듯하게 쓰세요.

말	이	나		태	도	를		아	주		쉽
게					.						

★ **문장력 기르기** 관용어를 넣어 이야기를 완성하세요.

우리 형은 약속을 해 놓고도 [손바닥을   ] 바꾼다.

아무리 아쉬워도 절대로 형이 한 약속을 믿어서는 안 된다.

★ **맞춤법 연습하기** 파란색 글자를 바르게 고쳐 쓰세요.

손빠닥을 뒤집듯

27 손에 땀을 쥐다

 뜻 아슬아슬하여 마음이 조마조마하다.

긴장될 때 손에 땀이 나요.
이처럼 자신이 보고 있는 장면이나 상황이 아슬아슬하여
마음이 긴장된다는 말이에요.

 아래 엉뚱이의 편지를 소리 내어 읽어 보세요.

존경하는 손흥민 선수에게

어제 일본과의 결승 경기 잘 보았습니다.

후반전까지 최선을 다해 뛰는 모습이 멋졌어요.

형님이 승부차기하실 때는 정말 **손에 땀을 쥐게** 되더라고요.

결국 멋지게 이겨주셔서 고맙습니다.

저도 멋진 축구 선수가 되도록 노력할게요.

엉뚱이 올림

정말 손에
땀을 쥐게 하는
경기입니다!

손	에	V	땀	을	V	쥐	다	
손	에		땀	을		쥐	다	

★ **뜻 채우고 따라 쓰기**   소리 내어 읽으며 반듯하게 쓰세요.

아	슬	아	슬	하	여		마	음	이	
			하	다	.					

★ **문장력 기르기**   관용어를 넣어 이야기를 완성하세요.

외발자전거를 타는 곡예사가 줄 위에서 흔들흔들하는 모습을 보니

나도 모르게 [손에   ] 된다.

★ **맞춤법 연습하기**   파란색 글자를 바르게 고쳐 쓰세요.

소네 땀을 쥐다	➔	

사람

28 주먹을 불끈 쥐다

뜻 무엇인가 결심하여 갑자기 주먹을 꼭 쥐다.

손에 힘을 주고 주먹을 꽉 쥐면, 몸에 힘이 들어가요.
그만큼 무엇인가를 해내려는 의지를
보여준다는 표현이에요.

 아래 이야기를 소리 내어 읽어 보세요.

당당이는 학교 대표로 수영 대회를 나갔어요. 친구들은 당당이를 응원하러
대회장에 모였지요. 그러고는 〈비행기〉 노래에 새롭게 가사를 붙여 응원가를
불렀어요.
"떴다 떴다 최강자, 누굴까? 누굴까?
우리 우리 당당이! 무조건 1등!"
응원가를 들은 당당이는 꼭 우승하기로 마음먹고 **주먹을 불끈 쥐었어요.**
출발 시간이 제일 빨랐던 당당이는 결국 멋지게 우승했답니다.

소리 내어 읽으며 예쁘게 쓰세요.

주	먹	을	V	불	끈	V	쥐	다	
주	먹	을		불	끈		쥐	다	

소리 내어 읽으며 반듯하게 쓰세요.

무	엇	인	가		결	심	하	여		갑	자
기				을	꼭		쥐	다	.		

관용어를 넣어 이야기를 완성하세요.

아빠가 엄마한테 살찐 것 같다고 말했다. 그러자 엄마는 벌떡 일어나

[쥐며] 당장 운동을 시작하셨다.

파란색 글자를 바르게 고쳐 쓰세요.

주먹을 불끈 지다	➡	

29 코가 납작해지다

뜻 창피를 당해 기가 죽다.

잘난 척하고 뽐내던 사람이 부끄러운 일을 당한 뒤
기가 죽었다는 말이에요.
반대의 뜻을 가진 관용어로 '코가 높다'가 있어요.
'코가 높다'는 잘난 체하고 뽐내는 기세가 있다는 뜻이에요.

 아래 엉뚱이 편지를 소리 내어 읽어 보세요.

> 사랑하는 형에게
>
> 어제 형이 구구단 빨리 외우는 법을 알려줬잖아? 마침 오늘 선생님이 갑자기 시험을 보자고 하셨지 뭐야? 우리 반에서 나만 문제를 다 맞췄어.
>
> 나보고 수학을 못한다고 놀리던 투덜이는 10점을 받아서 **코가 납작해졌어**. 형 덕분에 나도 이제 기를 좀 펴고 살겠어. 고마워!
>
> 형을 존경하는 엉뚱이가

소리 내어 읽으며 예쁘게 쓰세요.

코	가	V	납	작	해	지	다				
코	가		납	작	해	지	다				

★ **뜻 채우고 따라 쓰기** 소리 내어 읽으며 반듯하게 쓰세요.

▼ 관용어 뜻을 두 번 쓰세요.

		를		당 해		기	가		죽 다	.
		를		당 해		기	가		죽 다	.

★ **문장력 기르기** 관용어를 넣어 이야기를 완성하세요.

이번 태권도 심사에서 오빠만 떨어졌다. 아무도 자기를 이기지 못한다고

자랑하더니, 이번 일로 코가 _____.

★ **맞춤법 연습하기** 파란색 글자를 바르게 고쳐 쓰세요.

챙피를 당해　➡

30 혀가 닳다

뜻 어떤 것에 대해 여러 번 말하다.

혀가 닳아서 없어질 만큼 어떤 물건, 사람, 일, 행동에 대해
여러 번 반복해서 말한다는 의미예요.
뜻이 비슷한 관용어로 '침이 마르다'가 있어요.

 아래 투덜이의 일기를 소리 내어 읽어 보세요.

20○○년 ○월 ○일 ○요일	날씨: 번개와 천둥이 침

제목: 깜박깜박

학교 끝나고 집에 와서 컵라면에 물을 붓고 전자레인지에 돌리고
있는데, 갑자기 전기가 나갔다. 그러자 엄마는 "오늘 오후에 아파트에
전기 점검이 있으니까 전기 제품 쓰지 말라고 아침부터 **혀가 닳도록**
말했잖아!" 하시며 고개를 절레절레 흔드셨다. 새해가 되어 나도 나이
를 먹나 보다. 자꾸 깜박하니 말이다.

소리 내어 읽으며 예쁘게 쓰세요.

혀	가	V	닳	다					
혀	가		닳	다					

소리 내어 읽으며 반듯하게 쓰세요.

어	떤		것	에		대	해		
번					.				

관용어를 넣어 이야기를 완성하세요.

우리 집에서는 아빠가 빨래 담당이다. 아빠는 엄마한테 양말 좀 뒤집어서

내놓지 말라고 [닳도록] 말씀하시지만 소용이 없다.

파란색 글자를 바르게 고쳐 쓰세요.

혀가 달타 ➔

셋째 마당 복습

1 그림과 관련된 관용어를 쓴 것입니다. ☐ 안에 알맞은 낱말을 쓰세요.

보기
코 배 손 귀 눈 혀 볼

 ☐ 가 따갑다

 ☐ 만 뜨면

 ☐ 가 아프다

 ☐ 에 땀을 쥐다

 ☐ 가 닳다

2 뜻풀이와 알맞은 관용어를 연결하세요.

무엇인가 결심하여 갑자기 주먹을 꼭 쥐다.	가슴을 펴다
말이나 태도를 아주 쉽게 바꾸다.	뒤통수를 때리다
창피를 당해 기가 죽다.	손바닥을 뒤집듯
굽힐 것 없이 떳떳하고 당당하다.	주먹을 불끈 쥐다
믿음을 저버리고 배신하다.	코가 납작해지다

3 ☐ 안에 들어갈 낱말로 바른 것에 ○표 하세요.

⭐ 귀가 [따갑다][따갚다]

⭐ 뒤통수를 [떼리다][때리다]

⭐ 배가 [아프다][압흐다]

⭐ 코가 [납작해지다][납짝해지다]

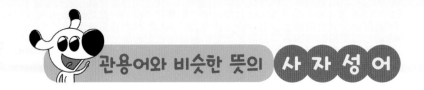

⭐ 여러분이 배운 사람에 관한 관용어와 뜻이 비슷한 사자성어를 알아보아요.

| 가슴을 펴다 | 의기양양 | 意 뜻 의 | 氣 기운 기 | 揚 날릴 양 | 揚 날릴 양 |

'의기양양'은 기운을 높이 날린다는 뜻으로
매우 자랑스럽게 행동한다는 말이에요.

| 뒤통수를 때리다 | 배은망덕 | 背 등 배 | 恩 은혜 은 | 忘 잊을 망 | 德 덕 덕 |

'배은망덕'은 받은 은혜를 잊고 등을 돌린다는 뜻으로
자신을 도와준 사람을 배신한다는 말이에요.

| 손바닥을 뒤집듯 | 조변석개 | 朝 아침 조 | 變 변할 변 | 夕 저녁 석 | 改 고칠 개 |

'조변석개'는 아침에 했던 것을 저녁에 고친다는 뜻으로
이랬다저랬다 말과 행동을 자꾸 바꾼다는 말이에요.

| 손에 땀을 쥐다 | 좌불안석 | 坐 앉을 좌 | 不 아닐 불 | 安 편안 안 | 席 자리 석 |

'좌불안석'은 앉아도 자리가 편안하지 않다는 뜻으로
마음이 불안하여 안절부절못한다는 말이에요.

| 주먹을 불끈 쥐다 | 파부침주 | 破 깨뜨릴 파 | 釜 솥 부 | 沈 잠길 침 | 舟 배 주 |

'파부침주'는 밥솥을 깨뜨리고, 돌아올 배를 잠기게 한다는
뜻으로 마음을 굳게 먹고 어떤 일을 한다는
의지를 나타내는 말이에요.

넷째 마당

물건과 관련된 관용어

일상생활에서 흔히 볼 수 있는 물건과 관련된 관용어도 많아요. 사람들이 일상에서 접하는 물건을 활용하면 감정이나 상황을 효과적으로 표현할 수 있어요. 넷째 마당에서는 물건과 관련된 10가지 관용어의 뜻을 알아보고 따라 쓰며 익혀 봐요!

공부할 내용   ✓체크해 보세요!

物件

31 가면을 벗다

.... 뜻 거짓 모습을 버리고 정체를 드러내다.

가면을 벗으면 원래 얼굴이 드러나듯이, 꾸미고 있던 성격이나 마음을
버리고 본모습을 보인다는 말이에요.
반대로 '가면을 쓰다'는 속마음을 감춘다는 말이에요.

⭐ 아래 이야기를 소리 내어 읽어 보세요.

엉뚱이가 짐을 싸는데 어머니께서 뭐하냐고 물으셨어요.

"형, 누나가 너무 괴롭혀서 이 집에서 못 살겠어요. 친절한 형과 누나가
있는 투덜이네 집에 가서 살려고요."

그러자 어머니는 말씀하셨어요.

"투덜이네 형, 누나는 네가 남이니까 친절한 거야. 같이 살면 그 아이들도
가면을 벗고 너를 막 대할걸? 못 믿겠으면 투덜이한테 자기 형, 누나가 어떻
게 대하는지 한번 확인해 봐."

잠시 후, 투덜이와 전화 통화를 마친 엉뚱이는 짐을 풀며 말했어요.

"당분간은 우리 집에서 더 살아야 할 것 같아요."

> 친절한 형, 누나가
> 있는 투덜이네 집에서
> 살래요.

> 같이 살면 그 아이들도
> 가면을 벗고 너에게
> 막 대할걸?

⭐ **관용어 읽고 따라 쓰기**　소리 내어 읽으며 예쁘게 쓰세요.

가	면	을	∨	벗	다			
가	면	을		벗	다			

⭐ **뜻 채우고 따라 쓰기**　소리 내어 읽으며 반듯하게 쓰세요.

거	짓		모	습	을		버	리	고	
	를		드	러	내	다	.			

⭐ **문장력 기르기**　관용어를 넣어 이야기를 완성하세요.

할아버지 집에 가면 부모님은 서로 "여보!"라고 부르신다. 그러나 집에서는

[　　　　벗고 　] "야!"라고 부르신다. 왜 그러시는지 모르겠다.

⭐ **맞춤법 연습하기**　파란색 글자를 바르게 고쳐 쓰세요.

정체를 들어내다　　　　➡	

32 기름을 끼얹다

뜻 상대의 기분이나 행동을 더 심하게 만들다.

불이 붙은 물건에 기름을 끼얹으면 더 활활 타올라요.
이처럼 남의 감정이나 행동을 부추겨
정도를 심하게 만든다는 말이에요.

☆ 아래 이야기를 소리 내어 읽어 보세요.

당당이가 소심이와 현관에 들어섰을 때였어요. 엄마의 성난 목소리가
들렸어요.

"공부할 때 집중 좀 해. 노래 듣고, 과자 먹으며 산만하게 굴지 말고!"

"엄마, 제가 '산만하다'는 말은 논리적으로 맞지 않아요. 사람이 '산'만 할
수는 없다고요."

오빠의 말은 엄마의 화에 **기름을 끼얹었어요.**

"뭐라고? 지금 엄마를 놀리는 거냐?"

소심이는 당당이의 소매를 잡아끌며 속삭였어요.

"당당아, 오늘은 그냥 우리 집에서 놀자."

사람이 '산'만 할 수는
없어요!

⭐ **관용어 읽고 따라 쓰기** 소리 내어 읽으며 예쁘게 쓰세요.

기	름	을	V	끼	얹	다		

기	름	을		끼	얹	다		

⭐ **뜻 채우고 따라 쓰기** 소리 내어 읽으며 반듯하게 쓰세요.

상	대	의		기	분	이	나		행	동	을	V
더							만	들	다	.		

⭐ **문장력 기르기** 관용어를 넣어 이야기를 완성하세요.

차가 막혀서 가족 모두가 짜증이 났다. 동생은 [끼얹는]

말만 골라 하다가 결국 운전하던 엄마한테 혼났다.

⭐ **맞춤법 연습하기** 파란색 글자를 바르게 고쳐 쓰세요.

기름을 끼언다

33 다리를 건너다

뜻 말이나 물건이 사람을 거쳐 다른 사람에게 넘어가다.

강의 이쪽에서 저쪽으로 가려면 '다리'를 건너야 해요.
이처럼 말이나 물건이 어떤 사람을 거쳐
다른 사람에게 넘어간다는 말이에요.

⭐ 아래 소심이의 일기를 소리 내어 읽어 보세요.

20○○년 ○월 ○일 ○요일	날씨: 흐림

제목: 말이 다리를 건너면

오늘 인생의 큰 교훈을 얻었다.

얼마 전 사촌 언니가 대학에 합격한 일을 엉뚱이에게 말했다.

나는 분명 대학에 합격했다고만 했다. 그런데 엉뚱이는 당당이에게

우리 사촌 언니가 서울대에 합격했다고 말했다고 한다. 그리고 당당이

는 투덜이에게 내가 서울대에 가고 싶어 한다고 말했다고 한다.

말이 이 사람 저 사람 **다리를 건너며** 부풀려지나 보다. 늘 말조심해

야겠다.

사촌 언니가
대학 합격했대!

사촌 언니가
서울대 합격했대!

소심이가
서울대
가고 싶대.

⭐ **관용어 읽고 따라 쓰기**　소리 내어 읽으며 예쁘게 쓰세요.

다	리	를	V	건	너	다			
다	리	를		건	너	다			

⭐ **뜻 채우고 따라 쓰기**　소리 내어 읽으며 반듯하게 쓰세요.

말	이	나		물	건	이		사	람	을	
거	쳐		다	른		사	람	에	게		
			.								

⭐ **문장력 기르기**　관용어를 넣어 이야기를 완성하세요.

이 게임기는 여러 [　　　　　건너서　] 내 손에 들어왔다. 삼촌이
쓰던 것을 사촌 형이 받았고, 사촌 형이 쓰던 것을 누나가 받았고, 이제
내 차례가 되었다.

⭐ **맞춤법 연습하기**　파란색 글자를 바르게 고쳐 쓰세요.

물건이 사람을 걷혀　➡

34 바가지를 쓰다

뜻 값을 비싸게 내서 손해를 보다.

어떤 물건의 값이나 요금을 터무니없이 비싸게 내서 억울하게
손해를 보았다는 뜻의 말이에요.
값을 비싸게 받아 손해를 끼쳤다는 표현으로는
'바가지를 씌우다'가 있어요.

※ '어떤 일에 대한 부당한 책임을 억울하게 지게 되다'라는 뜻도 있어요.

 아래 만화를 소리 내어 읽어 보세요.

엉뚱아, 너 이 모자
어디서 샀니?

이번에 베트남에
여행 가서 샀어.
멋지지?

이 모자
우리 집에도
있는데.
얼마 줬어?

엄마가
오만 원 줬다고
하시던데?

말도 안 돼.
우리 엄마는 깎아서
오천 원에 샀는데.

아이고,
우리 엄마가
**바가지를
썼구나!**

바 가 지 를 V 쓰 다

바 가 지 를 　 쓰 다

⭐ **뜻 채우고 따라 쓰기**　소리 내어 읽으며 반듯하게 쓰세요.

값 을 　 　 　 　 내 서 　 손 해

를 　 보 다 .

⭐ **문장력 기르기**　관용어를 넣어 이야기를 완성하세요.

아빠는 최고급이라는 말에 넘어가 [　　쓰고　] 중고 안마

의자를 백만 원이나 주고 샀다. 그래서 엄마가 잔뜩 화가 났다.

⭐ **맞춤법 연습하기**　파란색 글자를 바르게 고쳐 쓰세요.

갑을 비싸게 내서 　➡

91

물건

35 붓을 들다

...... 뜻 글을 쓰기 시작하다.

옛날에는 붓에 먹물을 묻혀 글을 썼어요.
그러니 이 말은 글을 쓰기 시작한다는 뜻이에요.
반대로 '붓을 놓다'는 글쓰기를 마무리한다는 뜻이에요.

⭐ 아래 대화를 소리 내어 읽어 보세요.

투덜이가 엉뚱이에게 알파벳 소문자 쓰기를 가르치고 있어요.

 "엉뚱아! b와 d가 가장 헷갈려. b는 배를 오른쪽으로 내밀고,
d는 배를 왼쪽으로 내밀어야 해."

"아, 그렇구나!"

"자, 이제 **붓을 들자.**"

"어? 붓이 있어야 영어를 배울 수 있는 거야?"

"아니, 이제 쓰기 시작하자고."

"그러니까 왜 붓으로 쓰냐고!"

"글쓰기를 시작하자는 말이잖아! 아이고, 답답해."

붓	을	V	들	다						
붓	을		들	다						

⭐ **뜻 채우고 따라 쓰기**   소리 내어 읽으며 반듯하게 쓰세요.

▼ 관용어 뜻을 두 번 쓰세요.

글	을	쓰	기			.	
글	을	쓰	기			.	

⭐ **문장력 기르기**   관용어를 넣어 이야기를 완성하세요.

국어 시간에 고마운 사람에게 편지 쓰기를 했다. 나는 누구에게 쓸지

한참 고민하다가 피아노 선생님께 쓰기로 하고 [들었다].

⭐ **맞춤법 연습하기**   파란색 글자를 바르게 고쳐 쓰세요.

붇을 들다   ➔

36 비행기를 태우다

뜻 남을 아주 높이 칭찬해서 기분을 좋게 하다.

비행기를 타면 몸이 붕 뜨며 하늘 높이 올라가지요?
이처럼 지나칠 정도로 상대방을 높이며 칭찬하여
기분을 좋게 만든다는 말이에요.

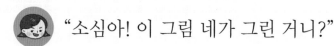
아래 대화를 소리 내어 읽어 보세요.

"소심아! 이 그림 네가 그린 거니?"

"응."

"정말, 잘 그렸다. 피카소가 그린 것 같아."

"괜히 **비행기 태우지** 마. 그 정도는 아니야!"

"피카소가 누구야?"

"세계에서 가장 유명한 화가야."

"당당이는 정말 모르는 게 없어. 꼭 아인슈타인 같아."

"**비행기 태우지** 마. 그 정도는 아니야!"

비	행	기	를	V	태	우	다		
비	행	기	를		태	우	다		

⭐ **뜻 채우고 따라 쓰기** 소리 내어 읽으며 반듯하게 쓰세요.

| 남 | 을 | | 아 | 주 | | | | 칭 | 찬 | 해 |
| 서 | | 기 | 분 | 을 | | 좋 | 게 | | 하 | 다 | . |

⭐ **문장력 기르기** 관용어를 넣어 이야기를 완성하세요.

동생은 우리 할머니가 제일 예쁘다며 [태웠다].

기분이 좋아지신 할머니는 동생에게 용돈을 주셨다.

⭐ **맞춤법 연습하기** 파란색 글자를 바르게 고쳐 쓰세요.

비앵기를 태우다 ➡

37 색안경을 끼고 보다

 뜻 자기 생각에 얽매여 좋지 않게 보다.

색안경은 렌즈에 색을 입힌 선글라스를 뜻해요.
다채로운 꽃이 있어도 색안경을 끼고 보면 원래 색처럼 안 보이겠죠?
이처럼 자기 생각에 사로잡혀 어떤 상황과 물건을 무조건
나쁘게만 본다는 말이에요.

★ 아래 투덜이의 일기를 소리 내어 읽어 보세요.

20○○년 ○월 ○일 ○요일	날씨: 맑음

제목: 역시 색안경을 끼고 보면 안 돼!

얼마 전 옆집에 외국인 가족이 이사 왔다. 내 또래도 있는데 어떻게 인사할지 몰라 복도에서 만나도 못 본 척했다.

그런데 오늘 그 아이가 먼저 우리말로 인사하며 다가왔다. 부모님은 필리핀에서 오셨지만, 자신은 우리나라에서 태어나고 자랐다고 말했다. 곧 우리 학교로 전학을 올 것이라고도 했다. 나는 외모가 우리나라 사람과 다르면 우리말을 못 할 것이라고, **색안경을 끼고 보면** 안 된다는 것을 깨달았다. 학교에서 만나면 친하게 지내야겠다.

1 ▲

안녕? 나는 한국에서 나고 자랐어.

우리말을 잘하네!

⭐ **관용어 읽고 따라 쓰기**　소리 내어 읽으며 예쁘게 쓰세요.

색	안	경	을	V	끼	고	V	보	다	

색	안	경	을		끼	고		보	다	

⭐ **뜻 채우고 따라 쓰기**　소리 내어 읽으며 반듯하게 쓰세요.

				에		얽	매	여		좋

지		않	게		보	다	.			

⭐ **문장력 기르기**　관용어를 넣어 이야기를 완성하세요.

동생과 싸움이 나면 엄마는 형인 내가 무조건 잘못했을 거라며

[끼고 본다]. 나는 정말 억울하다.

⭐ **맞춤법 연습하기**　파란색 글자를 바르게 고쳐 쓰세요.

좋지 안케 보다　➡

38 종이 한 장 차이

 뜻 간격, 수량, 정도의 차이가 아주 작다.

종이 한 장은 매우 얇아요. 그만큼 아주 작은 차이밖에 없다는 말이에요. 반대로 앞에서 배운 '하늘과 땅'은 아주 큰 차이가 있다는 말이지요.

 아래 이야기를 소리 내어 읽어 보세요.

투덜이가 엄마한테 불만을 말했어요.

"엄마! 왜 저와 형을 차별하세요? 형 용돈은 만 원인데, 왜 제 용돈은 구천구백 원인 건가요? 정말 불공평해요."

엄마는 황당한 표정으로 말씀하셨어요.

"**종이 한 장 차이**잖니. 싫으면 아예 용돈을 받지 말던가!"

"아, 아, 아니에요. 제가 동생인데 당연히 적게 받아야죠."

갑자기 태도를 바꾼 투덜이는 방으로 후다닥 들어갔답니다.

| 종 | 이 | V | 한 | V | 장 | V | 차 | 이 | | | |

| 종 | 이 | | 한 | | 장 | | 차 | 이 | | | |

★ **뜻 채우고 따라 쓰기** 소리 내어 읽으며 반듯하게 쓰세요.

| 간 | 격 | , | 수 | 량 | , | 정 | 도 | 의 | | 차 | 이 |
| 가 | | 아 | 주 | | | | | . | | | |

★ **문장력 기르기** 관용어를 넣어 이야기를 완성하세요.

경쟁이 치열한 대회에서 우승한 사람과 준우승한 사람의 실력 차이는

종이 ⬚ 다.

★ **맞춤법 연습하기** 파란색 글자를 바르게 고쳐 쓰세요.

차이가 아주 작따 ➡

99

물건
39 칼을 갈다

뜻 상대를 이기거나 복수하고자 단단히 준비하다.

칼의 날이 무뎌지면 잘 들지 않으니, 쓰기 전에 칼날을 갈아 두어야 해요. 이처럼 어떤 시합에서 상대를 이기기 위해 준비하거나, 자신에게 피해를 준 사람에게 복수할 준비를 한다는 말이에요.

 아래 신문 기사를 소리 내어 읽어 보세요.

바쁜 초등학생이 즐거워지는 빠른 신문 [바빠 신문]

트로트 신동 김엉뚱, 승리를 위해 칼을 갈다!

[바빠 신문] 입력: 20△△년 △월 △일 ┃ 최으뜸 기자

15일 방송될 '트로트 왕자 선발 대회'의 대결 곡이 정해졌다. 그 와중에 김엉뚱 군이 밤을 새며 연습하는 모습이 공개되었다.

김엉뚱 군은 그동안 강력한 우승 후보로 꼽혔으나, 지난 8일 정꾀꼬리 군과의 대결에서 1 : 99로 패배하여 시청자에게 큰 충격을 주었다.

김엉뚱 군은 이번 대결에서 꼭 이겨 복수하겠다고 **칼을 갈며** 각오를 다지고 있다. 한편 정꾀꼬리 군은 이번 무대도 자신 있다며 한층 여유로운 모습이다. 과연 결과가 어떨지 시청자들의 관심이 집중된다.

⭐ **관용어 읽고 따라 쓰기**   소리 내어 읽으며 예쁘게 쓰세요.

칼	을	V	갈	다					
칼	을		갈	다					

⭐ **뜻 채우고 따라 쓰기**   소리 내어 읽으며 반듯하게 쓰세요.

상	대	를		이	기	거	나		하
고	자		단	단	히			하	다 .

⭐ **문장력 기르기**   관용어를 넣어 이야기를 완성하세요.

라면을 먹는데, 형 젓가락질이 너무 빨라서 나는 거의 국물만 먹었다.

그때부터 나는 젓가락질 연습을 하며 [갈고] 있다.

다음에는 반드시 형이 국물만 먹게 해 줄 것이다.

⭐ **맞춤법 연습하기**   파란색 글자를 바르게 고쳐 쓰세요.

단단이 준비하다		

40 허리띠를 졸라매다

 뜻 형편이 어려워 돈이나 물건을 아껴 쓰다.

먹을 게 없어서 많이 먹지 못하면, 살이 빠져서 허리띠를 졸라매야 해요.
이처럼 경제적 어려움을 당해 검소하게 생활한다는 말이에요.

※ '꼭 이루고자 단단한 각오로 일을 대하다'라는 뜻도 있어요.

 아래 당당이의 편지를 소리 내어 읽어 보세요.

사랑하는 아빠!

엄마한테 요즘 아빠 회사가 어려워서 이번 달 월급이 깎였다는
이야기를 들었어요.

당분간 가족 모두 **허리띠를 조르며** 생활하면 어떨까요? 외식을
안 하고, 여행을 못 가도 괜찮아요. 전기도 아껴 쓰고, 수돗물도
아껴 쓸게요. 학원을 안 보내 주셔도 된답니다. 바빠 문제집만
열심히 풀어도, 학교 공부는 충분히 잘 할 수 있거든요.

우리 모두 아빠를 사랑한다는 것을 잊지 마세요. 아빠 힘내세요!

당당이 드림

☆ 관용어 읽고 따라 쓰기 소리 내어 읽으며 예쁘게 쓰세요.

허	리	띠	를	V	졸	라	매	다	

허	리	띠	를		졸	라	매	다	

☆ 뜻 채우고 따라 쓰기 소리 내어 읽으며 반듯하게 쓰세요.

형	편	이		어	려	워		돈	이	나
물	건	을						쓰	다	.

☆ 문장력 기르기 관용어를 넣어 이야기를 완성하세요.

이번 설날에는 세뱃돈을 거의 못 받았다. 어쩔 수 없이 올해는

| 졸라매고 | 용돈을 아껴 쓰기로 했다.

☆ 맞춤법 연습하기 파란색 글자를 바르게 고쳐 쓰세요.

허리띠를 쏠라매다

1 그림과 관련된 관용어를 쓴 것입니다. ☐ 안에 알맞은 낱말을 쓰세요.

보기

바가지 모자 허리띠 색안경 비행기 가면 마스크

☐ 을 벗다

☐ 를 쓰다

☐ 를 태우다

☐ 을 끼고 보다

☐ 를 졸라매다

2 뜻풀이와 알맞은 관용어를 연결하세요.

말이나 물건이 사람을 거쳐 다른 사람에게 넘어가다.	기름을 끼얹다
간격, 수량, 정도의 차이가 아주 작다.	다리를 건너다
상대의 기분이나 행동을 더 심하게 만들다.	붓을 들다
상대를 이기거나 복수하고자 단단히 준비하다.	종이 한 장 차이
글을 쓰기 시작하다.	칼을 갈다

3 ☐ 안에 들어갈 낱말로 바른 것에 ◯표 하세요.

★ [바가지   박아지] 를 쓰다

★ 가면을 [벗다   벗다]

★ 종이 [한장   한 장] 차이

★ 허리띠를 [졸라메다   졸라매다]

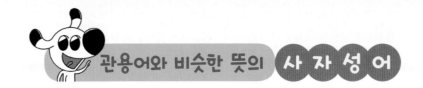
관용어와 비슷한 뜻의 **사자성어**

⭐ 여러분이 배운 물건에 관한 관용어와 뜻이 비슷한 사자성어를 알아보아요.

가면을 벗다	마각노출	馬 말 마	脚 다리 각	露 드러날 노	出 나올 출

'마각노출'은 연극에서 말의 다리 노릇을 하던 사람이 드러나듯,
숨기던 일이나 정체가 드러났다는 말이에요.

기름을 끼얹다	화상첨유	火 불 화	上 위 상	添 더할 첨	油 기름 유

'화상첨유'는 불난 데 기름을 붓는다는 뜻으로
이미 벌어진 나쁜 일을 더 키운다는 말이에요.

색안경을 끼고 보다	일편지견	一 하나 일	偏 치우칠 편	之 갈 지	見 볼 견

'일편지견'은 한쪽으로 치우친 생각이라는 말이에요.

칼을 갈다	와신상담	臥 누울 와	薪 땔나무 신	嘗 맛볼 상	膽 쓸개 담

'와신상담'은 땔나무에 몸을 눕히고 쓸개를 맛본다는 뜻으로,
원수를 갚거나 마음먹은 일을 이루고자
온갖 어려움을 참고 견딘다는 말이에요.

허리띠를 졸라매다	근검절약	勤 부지런할 근	儉 검소할 검	節 마디 절	約 맺을 약

'근검절약'은 부지런하고 알뜰하게 돈이나 물건을
조금씩 아껴 쓴다는 말이에요.

106

음식과 관련된 관용어

마지막으로 공부할 내용은 음식과 관련된 관용어예요. 우리가 먹는 친근한 음식과 관련된 말로 사람의 마음과 행동, 그리고 처한 상황을 간결하고 재치 있게 나타내지요. 음식과 관련된 10가지 관용어의 뜻을 알아보고 따라 쓰며 익혀 봐요!

41 국물도 없다

> 뜻 돌아오는 이득이 아무것도 없다.

국에는 건더기와 국물이 있지요? 보통은 건더기를 먹고
나중에 국물을 먹어요. 그런데 건더기는 고사하고 국물도 없다는 것은
큰 이득은커녕 작은 이득도 전혀 돌아오지 않는다는 뜻이에요.

아무것도 없네!!

 아래 이야기를 소리 내어 읽어 보세요.

투덜이네 가족은 봄맞이 대청소 중이었어요. 투덜이만 빼고요.

"아빠! 저는 비염 때문에 먼지 털기는 못 할 것 같아요. 게다가 온몸이
쑤셔서 바닥 닦기도 못 할 것 같아요."

이리저리 핑계만 대는 투덜이에게 아빠가 한마디 하셨어요.

"우리는 청소 끝난 뒤 짬뽕을 먹으러 갈 거야. 넌 **국물도 없다**. 환자니까
집에서 푹 쉬어라."

그제야 투덜이는 걸레를 들고 나섰어요.

"아빠, 이제 다 나은 것 같아요. 어디부터 닦을까요?"

저는
비염 때문에….

짬뽕을 먹으러 갈 거야.
넌 국물도 없다.

소리 내어 읽으며 예쁘게 쓰세요.

국	물	도	V	없	다					
국	물	도		없	다					

★ **뜻 채우고 따라 쓰기** 소리 내어 읽으며 반듯하게 쓰세요.

돌	아	오	는			이		아	무	것
도		없	다	.						

★ **문장력 기르기** 관용어를 넣어 이야기를 완성하세요.

엄마는 떡볶이를 만들기 시작하시면서, 내가 숙제를 다 못 끝내면

[국물도   ] 고 하셨다. 그래서 나는 5분 만에 숙제를 끝냈다.

★ **맞춤법 연습하기** 파란색 글자를 바르게 고쳐 쓰세요.

궁물도 없다 ➔

42 떡이 생기다

뜻 뜻밖에 이익이 생기다.

갑자기 떡이 생기면 기분이 좋을 거예요.
이처럼 생각하지도 못한 이익이 생기거나 행운이 왔다는 말이에요.
'웬 떡이냐'도 비슷한 표현이랍니다.

★ 아래 대화를 소리 내어 읽어 보세요.

 "안녕하세요?"

 "아이고, 윗집 딸내미구나."

 "어제 친구가 놀러 오는 바람에 좀 시끄러웠어요. 죄송해요."

 "넌 참 예의가 바르구나. 자, 이 떡 너 먹어라."

 "아! 정말요? 감사합니다. 안녕히 가세요."

 "그래, 잘 가라."

 '갑자기 **떡이 생기다니**! 역시 사람은 예의가 있어야 해.'

떡	이	V	생	기	다							

떡	이		생	기	다							

⭐ **뜻 채우고 따라 쓰기** 소리 내어 읽으며 반듯하게 쓰세요.

▼ 관용어 뜻을 두 번 쓰세요.

뜻	밖	에				이		생	기	다	.

뜻	밖	에				이		생	기	다	.

⭐ **문장력 기르기** 관용어를 넣어 이야기를 완성하세요.

늘 우리가 잘되기만을 바라는 엄마 말은 무조건 듣는 게 좋다.

그러면 자다가도 [생긴다].

⭐ **맞춤법 연습하기** 파란색 글자를 바르게 고쳐 쓰세요.

떡이 셍기다 ➡

음식

43 미역국을 먹다

뜻 시험에서 떨어지거나 자리에서 떨려 나다.

미역이 미끌미끌한 것에 빗대어 시험에서 떨어지거나,
어떤 자리에서 밀려났다는 뜻으로 쓰여요.
또 어떤 사람에게 고백했는데 거절을 당했다는
뜻으로도 쓰인답니다.

⭐ 아래 엉뚱이의 일기를 소리 내어 읽어 보세요.

○월 ○일 ○요일	날씨: 바람이 붐

제목: 불쌍한 누나

사촌 누나 소식을 들었다. 유일하게 나를 귀여워하고 간식도 많이
사 주던 누나다. 전교 1등으로 집안의 자랑이었고, 심지어 서울대학교
에 합격했다.

그런데 이상하게도 사촌 누나는 운전면허 시험에서 계속 떨어진다.
이번에도 **미역국을 먹었다**. 이모 말로는 충격을 받은 누나가 며칠째
방에서 안 나온다고 한다. 내일은 내가 가서 위로해 주어야겠다.

미	역	국	을	V	먹	다		
미	역	국	을		먹	다		

뜻 채우고 따라 쓰기   소리 내어 읽으며 반듯하게 쓰세요.

| | | 에 | 서 | | 떨 | 어 | 지 | 거 | 나 | | 자 |
| 리 | 에 | 서 | | 떨 | 려 | | 나 | 다 | . | | |

문장력 기르기   관용어를 넣어 이야기를 완성하세요.

엄마는 이번에 회사에서 승진 시험을 보셨다. 그런데 결국

[먹고   ] 다른 사람이 팀장이 되었다.

맞춤법 연습하기   파란색 글자를 바르게 고쳐 쓰세요.

| 미역꾹을 먹다 | ➡ | |

113

44 죽도 밥도 안 되다

뜻 어중간하여 이것도 저것도 안 되다.

죽도 아니고, 밥도 아닌 어중간한 상태를 떠올려 보세요.
이처럼 어떤 일이 분명한 결과 없이 끝나다라는 뜻이에요.

⭐ 아래 소심이의 편지를 소리 내어 읽어 보세요.

엉뚱아!

너, 요즘 태권도장에 잘 안 나오더라?

우리 검은 띠까지 같이 따기로 했잖아.

지금 그만두면 **죽도 밥도 안 되잖니.** 태권도를 배운 것도 아니고,

안 배운 것도 아닌 애매한 상황이 된다고.

꼭 검은 띠까지 따자. 그래야 '왕주먹'이 우리를 얕보지 않지.

너의 영원한 친구, 소심이가

소리 내어 읽으며 예쁘게 쓰세요.

죽	도	∨	밥	도	∨	안	∨	되	다	
죽	도		밥	도		안		되	다	

뜻 채우고 따라 쓰기 소리 내어 읽으며 반듯하게 쓰세요.

			하	여		이	것	도		저	것
도		안		되	다	.					

문장력 기르기 관용어를 넣어 이야기를 완성하세요.

누나는 요리가 서툴다. 누나가 밥을 하면 안 된다 .

그러니 밥을 한다고 나서면 무조건 말려야 한다.

맞춤법 연습하기 파란색 글자를 바르게 고쳐 쓰세요.

죽또 밥또 ➡

45 죽을 쑤다

뜻 어떤 일을 망치거나 실패하다.

원래는 밥이 되어야 하는데, 죽이 되었다는 뜻으로
어떤 일을 제대로 해내지 못하고
망쳤다는 말이에요.

 아래 만화를 소리 내어 읽어 보세요.

누나!
영어 단어 시험
잘 봤어?

보면 모르니?
지금 스트레스
풀고 있잖아.

또
죽을 쒔구나.

백 문제 중에
겨우 열 문제
맞혔어.

그렇다고
내 과자를 다
먹으면 어떡해?

앗, 미안! 몰랐네.
같이 먹을래?

소리 내어 읽으며 예쁘게 쓰세요.

죽	을	V	쓰	다		

죽	을		쓰	다		

⭐ **뜻 채우고 따라 쓰기** 소리 내어 읽으며 반듯하게 쓰세요.

▼ 관용어 뜻을 두 번 쓰세요.

어	떤		일	을		망	치	거	나	

하	다	.								

⭐ **문장력 기르기** 관용어를 넣어 이야기를 완성하세요.

이번 축구 시합은 약한 팀과 하는 것이었기 때문에 기대가 컸다. 그러나

우리 팀의 골키퍼가 공을 계속 놓치는 바람에 [　　　쐈다].

⭐ **맞춤법 연습하기** 파란색 글자를 바르게 고쳐 쓰세요.

망치거나 실페하다		

117

46 찬물을 끼얹다

뜻 잘되어 가는 일에 뛰어들어 분위기를 흐리다.

요리가 다 되어 보글보글 끓는 찌개에 갑자기 찬물을 끼얹으면
맹탕이 되겠지요? 이처럼 어떤 일이 잘되어 가고 있는데
끼어들어 분위기를 망친다는 말이에요.

★ 아래 대화를 소리 내어 읽어 보세요.

 "엉뚱아! 어제 너희 어머니 생신 축하 파티는 잘했어?"

 "말도 마. 마지막에 엉망이 되었지."

 "왜? 무슨 일 있었어?"

 "선물도 드리고, 케이크 초에 불도 붙이고 분위기가 좋았거든.
그런데 아빠가 **찬물을 끼얹었지** 뭐야. 생일 축하 노래를 부를 때 아빠가
'사랑하는 순대렐라'라고 해서 엄마가 폭발했어."

 "저런, 아빠가 분위기를 망치셨네."

생일 축하합니다.
사랑하는 순대렐라~

찬	물	을	V	끼	얹	다			
찬	물	을		끼	얹	다			

⭐ **뜻 채우고 따라 쓰기** 소리 내어 읽으며 반듯하게 쓰세요.

잘	되	어		가	는		일	에		뛰	어
들	어						를		흐	리	다	.

⭐ **문장력 기르기** 관용어를 넣어 이야기를 완성하세요.

설날 아침까지 분위기가 좋았다. 그런데 윷놀이에서 막내 삼촌이 떼를

부리며 [끼얹었다]. 다 큰 어른이 왜 그러는지 모르겠다.

⭐ **맞춤법 연습하기** 파란색 글자를 바르게 고쳐 쓰세요.

찬물을 끼언다 ➡

119

47 찬밥 더운밥 가리다

.... 뜻 어려운 형편에 있으면서 이것저것 가리다.

찬밥도 겨우 먹을 형편인데, 투덜대며 더운밥 없냐고 하면
안 되겠지요? 이처럼 어려운 형편에 맞지 않게
까다롭게 군다는 말이에요.

★ 아래 투덜이의 일기를 소리 내어 읽어 보세요.

20○○년 ○월 ○일 ○요일	날씨: 흐림

제목: 으악! 최악의 여행

이번 제주도 여행은 최악이었다. 예약한 호텔에 도착했는데, 천장에서 물이 샌다며 다른 호텔로 방을 옮겨 주었다. 그래서 근처 호텔로 갔는데, 그 호텔은 갑자기 더운물이 안 나온다며 환불해 주었다. 어쩔 수 없이 한밤중에 이모네 집으로 갔다.

이모 집은 방 두 칸짜리 아파트여서 우리는 거실에서 다 같이 자야 했다. 아빠가 좁다고 투덜거리자 엄마는 **찬밥 더운밥 가릴** 처지냐고 하셨다. 밤새 아빠와 엄마의 말씨름 때문에 우리는 잠을 설쳤다.

좁아서
어떻게 자?

지금
찬밥 더운밥
가릴 처지야?

찬	밥	V	더	운	밥	V	가	리	다		
찬	밥		더	운	밥		가	리	다		

뜻 채우고 따라 쓰기 소리 내어 읽으며 반듯하게 쓰세요.

| 어 | 려 | 운 | | 형 | 편 | 에 | | 있 | 으 | 면 | 서 | V |
| 이 | 것 | 저 | 것 | | | | | | . | | | |

문장력 기르기 관용어를 넣어 이야기를 완성하세요.

엄마가 바쁘셔서 다양한 반찬을 만들 시간이 없다. 아쉽지만 지금은

[　　　　　　　가릴] 때가 아니다. 있는 대로 먹어야 한다.

맞춤법 연습하기 파란색 글자를 바르게 고쳐 쓰세요.

찬밥 더은밥 ➔

121

48 콩 튀듯 팥 튀듯

음식

뜻 몹시 화가 나서 펄펄 뛰는 모양

콩이나 팥을 뜨겁게 달군 프라이팬에 놓으면 타닥타닥 튀어 올라요.
이처럼 어떤 일로 몹시 화가 나서 야단을 친다는 뜻이에요.
비슷한 표현으로는 '콩 튀듯'이 있어요.

★ **아래 이야기를 소리 내어 읽어 보세요.**

엉뚱이는 게임기를 찾으러 누나 방에 들어갔어요. 그러자 엉뚱이 누나가
콩 튀듯 팥 튀듯 야단을 피웠어요.

"야! 내 방에 들어올 때는 반드시 노크하라고 했잖아! 도대체 몇 번이나
말해야 알아듣는 거야! 당장 나가!"

하지만 엉뚱이는 신경도 쓰지 않고 게임기를 들고나왔어요.

그러자 소심이가 모깃소리로 말했어요.

"엉뚱아, 괜찮아?"

엉뚱이는 태연하게 대답했어요.

"괜찮아, 누나는 중2병에 걸린 환자니까 너도 신경 쓰지 마."

콩	V	튀	듯	V	팥	V	튀	듯	
콩		튀	듯		팥		튀	듯	

뜻 채우고 따라 쓰기   소리 내어 읽으며 반듯하게 쓰세요.

몹	시		화	가		나	서		
뛰	는		모	양					

문장력 기르기   관용어를 넣어 이야기를 완성하세요.

실수로 동생 발을 밟았다. 동생은 [콩 튀듯]

야단을 피우며 고래고래 소리를 질렀다. 나는 동생이 너무 무섭다.

맞춤법 연습하기   파란색 글자를 바르게 고쳐 쓰세요.

콩 튀든 팥 튀든   ➡

49 파김치가 되다

뜻 몹시 지쳐서 힘이 없고 축 늘어지다.

생생했던 파도 김치로 담그면, 파가 힘이 없고
축 늘어진 상태가 되어요. 이처럼 어떤 일로 몹시 지쳐
기운이 없고 피곤한 상태가 되었다는 말이에요.

★ 아래 이야기를 소리 내어 읽어 보세요.

투덜이가 책상에 힘없이 엎어져 있었어요.

그 모습을 본 소심이가 물었어요.

"투덜아! 무슨 일 있어?"

투덜이는 손을 휘휘 내저었어요.

"말 시키지 마. 힘없어……."

당당이가 소심이에게 다가와 말했어요.

"어제 투덜이 집에서 키우는 라쿤이 가출했대. 투덜이가 라쿤을 찾는다고
온 동네를 헤맸어. 그래서 저렇게 **파김치가 된** 거야."

라쿤을 찾다가
파김치가 된 거야.

파	김	치	가	V	되	다		
파	김	치	가		되	다		

⭐ **뜻 채우고 따라 쓰기**   소리 내어 읽으며 반듯하게 쓰세요.

몹	시					힘	이		없	고	V
축		늘	어	지	다	.					

⭐ **문장력 기르기**   관용어를 넣어 이야기를 완성하세요.

요즘 아빠는 회사에 일이 많아서인지 매일 밤 [되어]

집에 들어오신다. 고생하시는 아빠를 생각해서 열심히 공부해야겠다.

⭐ **맞춤법 연습하기**   파란색 글자를 바르게 고쳐 쓰세요.

파김치가 되다   ➡

50 한술 더 뜨다

뜻 이미 잘못되어 있는 일을 더 망치다.

'한술'은 숟가락으로 한 번 뜬 음식이라는 뜻이에요.
이미 어느 정도 잘못되어 있는 일에 대하여 한 단계 더 나아가
엉뚱한 짓을 해서 망친다는 말이에요.

⭐ 아래 만화를 소리 내어 읽어 보세요.

엉뚱아!
너 왜 그리
힘이 없어?

아침을
못 먹었거든.

꼬르륵...

엄마, 아빠가
다투셔서
아침밥을 안 주고
출근하셨어.

아빠가 엄마한테 '흰머리 왕비'라고
불렀어. 요즘 엄마의 흰머리가
부쩍 늘었거든.

아빠는 한술 더 떠서
'주름 공주'라고도 불렀어.
그래서 식사도 안 하시고
출근하신 거야.

아이고,
이거라도 먹어라.

⭐ **관용어 읽고 따라 쓰기**　소리 내어 읽으며 예쁘게 쓰세요.

한	술	V	더	V	뜨	다		
한	술		더		뜨	다		

⭐ **뜻 채우고 따라 쓰기**　소리 내어 읽으며 반듯하게 쓰세요.

| 이 | 미 | | 잘 | 못 | 되 | 어 | | 있 | 는 | | 일 |
| 을 | | 더 | | | | | . | | | | |

⭐ **문장력 기르기**　관용어를 넣어 이야기를 완성하세요.

급식 시간에 내 식판을 툭 하고 친 짝꿍은 미안하다는 말은커녕

[　　　　　　　떠서] 도리어 내게 좀 떨어지라며 화까지 냈다.

⭐ **맞춤법 연습하기**　파란색 글자를 바르게 고쳐 쓰세요.

숫가락으로 한 번 뜬　➡

다섯째마당 복습

1 그림과 관련된 관용어를 쓴 것입니다. ☐ 안에 알맞은 낱말을 쓰세요.

보기
파김치 전 죽 국물 떡 콩 김치

아무것도 없네!!

☐ 도 없다

☐ 이 생기다

☐ 을 쑤다

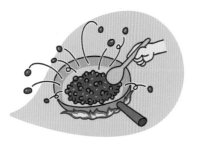

☐ 튀듯 팥 튀듯

☐ 가 되다

2 뜻풀이와 알맞은 관용어를 연결하세요.

잘되어 가는 일에 뛰어들어 분위기를 흐리다.	미역국을 먹다
이미 잘못되어 있는 일을 더 망치다.	죽도 밥도 안 되다
시험에서 떨어지거나 자리에서 떨려 나다.	찬물을 끼얹다
어중간하여 이것도 저것도 안 되다.	찬밥 더운밥 가리다
어려운 형편에 있으면서 이것저것 가리다.	한술 더 뜨다

3 ⬜ 안에 들어갈 낱말로 바른 것에 ○표 하세요.

⭐ 콩 튀듯 [팔   팟] 튀듯

⭐ 죽도 밥도 [안 되다   안 돼다]

⭐ 찬밥 더운밥 [가리다   갈이다]

⭐ 국물도 [업다   없다]

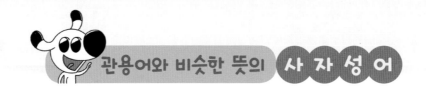
⭐ 여러분이 배운 음식에 관한 관용어와 뜻이 같거나 비슷한 사자성어를 알아보아요.

떡이 생기다	무망지복	毋 말 무	望 바랄 망	之 갈 지	福 복 복

'무망지복'은 바라지도 않은 복이 왔다는 뜻으로
예상하지 못한 좋은 일이나 이득이 생겼다는 말이에요.

죽도 밥도 안 되다	우유부단	優 넉넉할 우	柔 부드러울 유	不 아닐 부	斷 끊을 단

'우유부단'은 마음이 넉넉하고 부드러워 끊어내지 못한다는
뜻으로 어물어물하다 이쪽으로도 저쪽으로도
결정을 못 한다는 말이에요.

찬물을 끼얹다	숙호충비	宿 잘 숙	虎 범 호	衝 찌를 충	鼻 코 비

'숙호충비'는 자는 호랑이의 코를 찌른다는 뜻으로
가만히 있는 사람을 건드려 일을 힘들게 만든다는 말이에요.

콩 튀듯 팥 튀듯	견문발검	見 볼 견	蚊 모기 문	拔 뽑을 발	劍 칼 검

'견문발검'은 모기를 보고 칼을 뺀다는 뜻으로
작은 일에도 매우 성내며 덤빈다는 말이에요.

파김치가 되다	간난신고	艱 어려울 간	難 어려울 난	辛 매울 신	苦 쓸 고

'간난신고'는 어려운 일로 고생한다는 뜻으로
너무 힘들어 지쳤다는 말이에요.

바빠 초등
관용어+따라 쓰기
복습정답

① 정답을 확인한 후 틀린 문제는 ☆표를 쳐 놓으세요~

② 그리고 그 문제들만 다시 풀어 보는 습관을 들이면 최고!

✏️ 내가 틀린 문제를 확인하는 습관을 들이면
아무리 바쁘더라도 공부 실력을 키울 수 있어요!

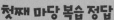

첫째 마당 복습 정답

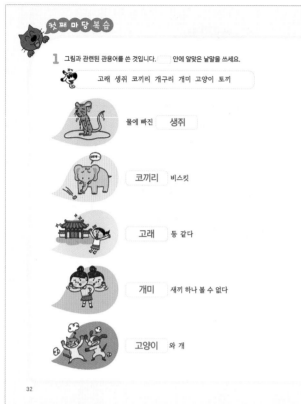

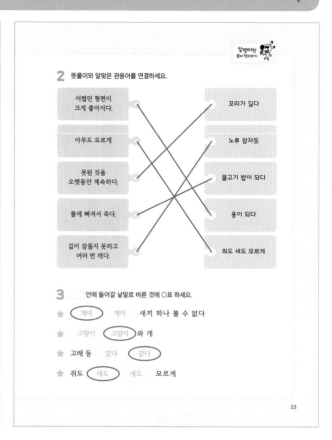

둘째 마당 복습 정답

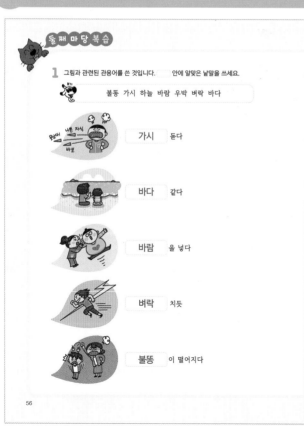

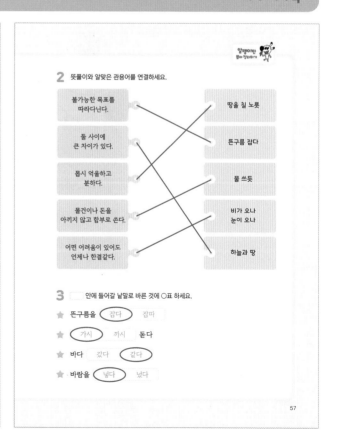

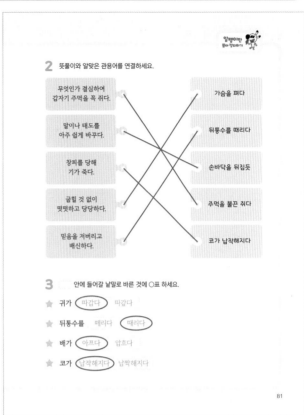

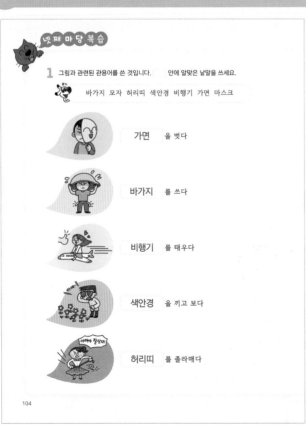

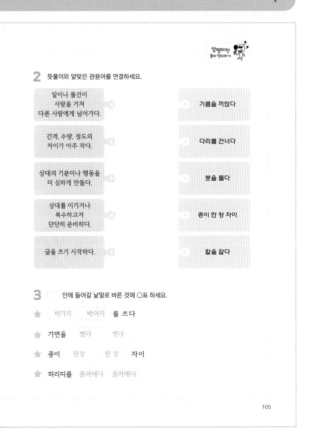

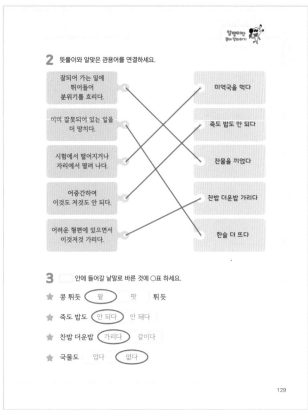

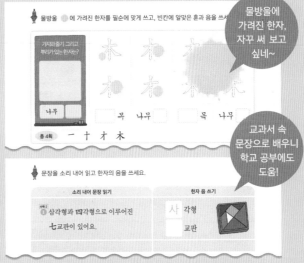

교과서 필수 어휘로 초등 맞춤법 완성하기!

어린이 글 2만 건 분석 추출

바쁜
초등학생을 위한
빠른 맞춤법 ①

속담, 수수께끼, 생활 글로 재미있게 배워요!

맞춤법
받아쓰기
띄어쓰기

1~3학년 국어 교과서 연계

이지스에듀

호사라 박사 지음 / 각 권 10,000원 / 세트 18,000원 — 더 경제적!

맞춤법, 받아쓰기, 띄어쓰기를 한 번에!

교과서 필수 어휘로
초등 맞춤법 완성!

한 번에 해결!

맞춤법

띄어쓰기

받아쓰기
QR코드 제공

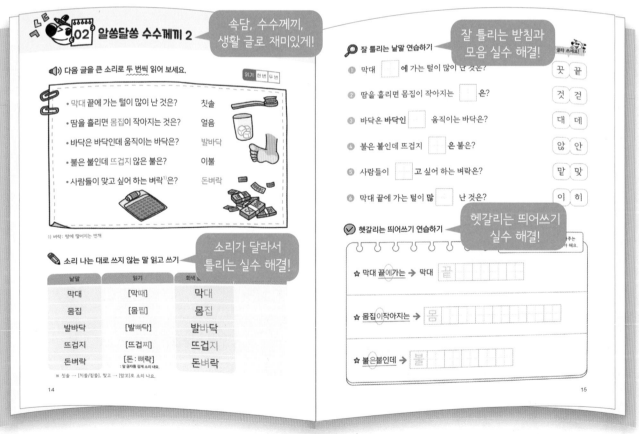

02 알쏭달쏭 수수께끼 2

속담, 수수께끼, 생활 글로 재미있게!

다음 글을 큰 소리로 두 번씩 읽어 보세요.

읽기 한 번 두 번

• 막대 끝에 가는 털이 많이 난 것은?   칫솔
• 땀을 흘리면 몸집이 작아지는 것은?   얼음
• 바닥은 바닥인데 움직이는 바닥은?   발바닥
• 불은 불인데 뜨겁지 않은 불은?   이불
• 사람들이 맞고 싶어 하는 벼락¹⁾은?   돈벼락

1) 벼락: 땅에 떨어지는 번개

소리 나는 대로 쓰지 않는 말 읽고 쓰기

소리가 달라서 틀리는 실수 해결!

낱말	읽기	화색
막대	[막때]	막대
몸집	[몸찝]	몸집
발바닥	[발빠닥]	발바닥
뜨겁지	[뜨겁찌]	뜨겁지
돈벼락	[돈 : 뼈락]	돈벼락

※ 칫솔 → [치쏠/칟쏠], 맞고 → [맏꼬] 소리 나요.

잘 틀리는 낱말 연습하기

잘 틀리는 받침과 모음 실수 해결!

골라 쓰세요!

① 막대 [   ]에 가는 털이 많이 난 것은?   꼿 / 끝
② 땀을 흘리면 몸집이 작아지는 [   ]은?   것 / 건
③ 바닥은 바닥인 [   ] 움직이는 바닥은?   대 / 데
④ 불은 불인데 뜨겁지 [   ]은 불은?   않 / 안
⑤ 사람들이 [   ]고 싶어 하는 벼락은?   맏 / 맞
⑥ 막대 끝에 가는 털이 많 [   ] 난 것은?   이 / 히

헷갈리는 띄어쓰기 연습하기

헷갈리는 띄어쓰기 실수 해결!

☆ 막대 끝에 가는 → 막대 끝
☆ 몸집이 작아지는 → 몸
☆ 불은 불인데 → 불

14

15

호 박사

분당 영재사랑 교육연구소에서 지도한 아이들의 문법 습득 과정을 반영해 과학적으로 설계했어요!

관용어 초성 카드

점선을 따라 자르면 관용어 카드가 돼요!

ㄱ ㅁ 새끼 하나 볼 수 없다

ㄱ ㅇ ㅇ 와 개

ㄱ ㄹ 등 같다

ㄲ ㄹ 가 길다

ㄴ ㄹ 잠자듯

ㅁ ㄱ ㄱ 밥이 되다

물에 빠진 ㅅ ㅈ

ㅇ 이 되다

ㅈ 도 ㅅ 도 모르게

ㅋ ㄲ ㄹ 비스킷

ㄱ ㅅ 돌다

ㄸ 을 칠 노릇

친구들과 함께 관용어를 맞혀 보세요!

고래 등 같다

고양이와 개

개미 새끼 하나 볼 수 없다

물고기 밥이 되다

노루 잠자듯

꼬리가 길다

쥐도 새도 모르게

용이 되다

물에 빠진 생쥐

땅을 칠 노릇

가시 돋다

코끼리 비스킷

ㄸ ㄱ ㄹ 잡다

ㅁ 쓰듯

ㅂ ㄷ 같다

ㅂ ㄹ 을 넣다

ㅂ ㄹ 치듯

ㅂ ㄸ 이 떨어지다

ㅂ 가 오나 ㄴ 이 오나

ㅎ ㄴ 과 ㄸ

ㄱ ㅅ 을 펴다

ㄱ 가 따갑다

ㄴ 만 뜨면

ㄷ ㅌ ㅅ 를 때리다

ㅂ 가 아프다

ㅅ ㅂ ㄷ 을 뒤집듯

ㅅ 에 땀을 쥐다

바다 같다

물 쓰듯

뜬구름 잡다

불똥이 떨어지다

벼락 치듯

바람을 넣다

가슴을 펴다

하늘과 땅

비가 오나 눈이 오나

뒤통수를 때리다

눈만 뜨면

귀가 따갑다

손에 땀을 쥐다

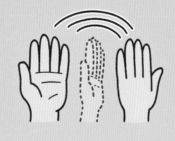

손바닥을 뒤집듯

배가 아프다

ㅈ ㅁ을 불끈 쥐다	**ㅋ**가 납작해지다	**ㅎ**가 닳다
ㄱ ㅁ을 벗다	**ㄱ ㄹ**을 끼었다	**ㄷ ㄹ**를 건너다
ㅂ ㄱ ㅈ를 쓰다	**ㅂ**을 들다	**ㅂ ㅎ ㄱ**를 태우다
ㅅ ㅇ ㄱ를 끼고 보다	**ㅈ ㅇ** 한 장 차이	**ㅋ**을 갈다
ㅎ ㄹ ㄸ를 졸라매다	**ㄱ ㅁ**도 없다	**ㄸ**이 생기다

혀가 닳다

코가 납작해지다

주먹을 불끈 쥐다

다리를 건너다

기름을 끼얹다

가면을 벗다

비행기를 태우다

붓을 들다

바가지를 쓰다

칼을 갈다

종이 한 장 차이

색안경을 끼고 보다

떡이 생기다

국물도 없다

허리띠를 졸라매다